고딸 영문법
왕필수 편 2

고딸 영문법 왕필수 편 2

2020년 7월 10일 2판 1쇄 발행
2021년 9월 30일 2판 2쇄 발행

지은이 고딸 임한결
그린이 용구렁
펴낸이 나춘호 | **펴낸곳** ㈜예림당 | **등록** 제2013-000041호 | **주소** 서울특별시 성동구 아차산로 153
팩스 02-562-9007 | **문의 전화** 02-561-9007
ISBN 978-89-302-1143-7 14740   978-89-302-1148-2 (세트)
ⓒ 2021 임한결

STAFF
편집 노보람 | **디자인** 박주희 | **사진** 이건무 | **제작** 신상덕/박경식
마케팅 임상호/전훈승 | **영업홍보** 김민경

웹툰처럼 술술 읽히는 쉬운 영어 공부

고딸 임한결 지음

왕필수편 **2**

✳ 예림당

안녕하세요,
고딸입니다!

고딸 영어와 함께 공부해 주신 여러분께 진심으로 감사의 말씀 드려요. ♥♥♥

영어 공부하시는 아버지를 위해 만들기 시작한 콘텐츠가 여러분의 성원 덕분에 『고딸 영문법 - 왕기초 편』에 이어 『고딸 영문법 - 왕필수 편』으로 탄생하게 되었습니다! 짝짝짝!

이 책이 나오기까지 늘 응원해 주신 블로그 이웃님들과 정성껏 작업해 주신 출판사 여러분께 진심으로 감사 드립니다. 필수 편에서도 영문법에 함께 도전하는 꼬매 친구들도 고마워요~

영어 공부! 머리 아픈가요?

저도 대한민국에서 평범하게 영어를 배웠고, 영어가 어려웠습니다. 영문법만 생각하면 외워야 할 암기 과목 같아 머리가 아팠고요. 그런데 성인이 되어 실제로 영어를 사용하다 보니, 영문법의 큰 흐름이 보이기 시작했습니다. 그래서 깨달았습니다.

영문법을 알면 영어가 쉽다!

영문법을 익히면 어떻게 문장을 이해하고 만들어야 할지 틀이 잡힙니다. 영문법 자체가 영어의 규칙을 알기 쉽게 정리해 둔 지식이니까요. 영어에 자연스럽게 노출되어 모국어처럼 영어를 습득하는 상황이 아니라면! 영문법이 영어 정복의 지름길이 되어 줄 것입니다.

영문법의 핵심을 잡아라!

영문법을 공부한 학생들에게 'to부정사는 왜 쓸까요?' 물으면 대부분 당황해합니다. to부정사를 언제, 왜 쓰는지 생각하기보다는 용법만 구분하다가 영어를 포기한 학생들도 많고요. 영어를 쉽게 배우기 위해 영문법을 공부해야 하는데, 오히려 이 영문법이 우리의 발목을 잡고 있는 아이러니한 현상을 깨고 싶었습니다. 그래서! 꼭 알아야 할 핵심 문법이 무엇인지! 그 문법을 어떻게 적용하고 사용할 것인지! 원어민 남편, 꿀먹보와 함께 논의하고 연구하여 정리했습니다. 강사로서 영어를 가르칠 때 학생들이 어려워했던 부분도 집중적으로 속 시원하게 다뤘습니다.

60대의 아버지가 보시기에도 한눈에 쏙쏙 들어오는 책! 이 책을 통해서 여러분이 영문법하고 친해졌으면 좋겠습니다. 더 이상 영문법을 생각하며 머리가 지끈거리지 않았으면 합니다. '영문법 별거 아니구나~!' 영문법으로 영어에 자신감을 얻으셔서 여러분이 원하는 목표를 이루시기를 응원합니다. ♥♥♥

고딸 자칭 고등어 홍보 대사.

고등어집 딸내미. 어릴 때부터 영어에 재능 있고 영어만 좋아하고 그런 사람 아님. 그냥 꾸준히 하다 보니 잘하게 된 케이스. 영어 강사 생활 후 영어 교재 만드는 회사에 다니다가 퇴사하고 영어책 냄. **취미 : 영문법 포스팅**

꿀먹보 로맨티시스트.

고딸에게 한눈에 반해 남반구에서 북반구로 짐 싸들고 올 정도의 로맨티시스트. 8년 동안 한국에 거주하다가 고딸과 함께 뉴질랜드에서 살고 있음. 꿀을 많이 먹어 꿀처럼 달달한 성격! **좋아하는 생선 : 고등어**

꼬매 웹툰 꼬매일기 주인공!

『고딸 영문법―왕기초 1, 2편』으로 왕초보 탈출! 이제 영어 문장 만들기에 도전! 현재 **목표 : 영문법 정복!**

단추

따기

곰바

·이 책의 활용법·

1. 영문법 생각에 아직 한숨이 나온다면?

영어에 조금은 재미를 붙였나요? 아직이라고요? 부담없이 그냥 쭉 읽어 보세요. 끝까지 포기하지 않는 것이 중요해요! 아자! 이 책을 여러 번 읽고 마음의 준비가 되면 그때 워크북을 봅니다!

2. 실전 영문법을 확실하게 정복하고 싶다면?

각 Unit마다 〈문장만들기〉가 있어요. 문법을 문장에 적용해 보세요. 금방 영어 문장 구조가 확실하게 잡힐 거예요. 그리고 〈Quiz〉〈여기서 잠깐!〉과 〈시험이 좋아하는 영문법〉을 보며 헷갈리는 문법을 정리하세요. 끝으로 TEST 문제를 풀면서 실력을 점검하세요!

3. 영문법 문제를 많이 풀어 보고 싶다면?

워크북을 펼쳐 보세요. 〈머리에 쏙쏙〉을 보며 개념을 한눈에 정리하고, 〈연습 또 연습〉 문제를 풀어 보세요! 워크북 문제를 딱 끝내면, 어떠한 시험 문제도 당황스럽지 않을 거예요.

4. 왕필수 편을 보다가 살짝 지친다면?

〈같은 듯 달라!〉로 영어권 문화와 우리 문화의 차이점을 재미있게 읽어 보세요! 또, 왕기초 편에 이어 영문법 공부를 도와주는 꼬매 친구들이 있으니 함께 화이팅요!

Part **1**

문장의 형식

Part 2
현재완료 & 조동사

1권에서 배운 내용이야!

Part 3

수동태

Part 4

to부정사

Part 5
동명사

수동태부터
동명사까지!

Par

수동태

Unit 24-28

수동태의 형태

우리 2권에서는 수동태부터 배울 거예요.
수동태의 개념을 잡으려면,
능동과 수동의 의미부터 파악해야 하는데요~

능동 = 스스로 하는 것
수동 = 스스로 하지 않는 것

주어가 스스로 하는 문장을 **능동태**라고 하고요.
주어가 스스로 하지 않는 문장을 **수동태**라고 합니다.

즉, 우리가 지금까지 공부했던 모든 예문은 능동태였고요.
앞으로 배울 문장들은 수동태예요.

다음 두 문장을 비교해 봅시다.

1 스티브 잡스는 아이폰을 고안했다.
2 아이폰은 스티브 잡스에 의해 고안되었다.

두 문장 다 그게 그 말 같지만 말하는 방식이 조금 달라요.
주어와 동사에 집중해 보세요!

1 <u>스티브 잡스는</u> 아이폰을 <u>고안했다.</u>
　　주어　　　　　　　　동사

2 <u>아이폰은</u> 스티브 잡스에 의해 <u>고안되었다.</u>
　　주어　　　　　　　　　　　동사

1. 주어 '스티브 잡스'가 스스로 아이폰을 고안했죠?
그래서 **능동태**!

2. 주어 '아이폰'이 스스로 나타난 것이 아니라
스티브 잡스에 의해 고안된 거죠.
그래서 **수동태**!

차이점이 보이시나요?

주어가 스스로 하면 능동태
주어가 스스로 못하고 당하면 수동태

주어와 동사를 살펴보면,
그 문장이 능동태인지 수동태인지 알 수 있답니다!

	능동태	수동태
주어	스스로 O	스스로 X
동사	~하다	~받다 ~되다 ~해지다 ~당하다

영어로는 능동태, 수동태를 어떻게 표현할까요?
앞 예문을 영어로 슝~ 바꿔 볼게요!

1 **Steve Jobs designed the iPhone.**
스티브 잡스는 아이폰을 고안했다.

2 **The iPhone was designed by Steve Jobs.**
아이폰은 스티브 잡스에 의해 고안되었다.

첫 번째 능동태 문장은 우리에게 익숙하죠?
주어로 Steve Jobs를 쓰고,
동사 design에는 과거를 의미하는 ed를 붙였어요~

두 번째 문장은 이상하게 생겼죠?
이게 바로 수동태의 형태랍니다.

수동태의 형태
be동사 + 과거분사(p.p.) + by~

당황하지 말고 문장을 분석해 봅시다.

The iPhone was **❶** **was** designed **❷** by **❸** Steve Jobs.

아이폰은 스티브 잡스에 의해 고안되었다.

❶ be동사 : was

was는 is의 과거형으로 **be동사**!

'아이폰은 ～였다'

그 다음에 The iPhone이 어떠한 상태인지를 나타내는 말이 필요하겠죠?

❷ 과거분사 : designed

designed는 동사의 과거형이 아니랍니다! **과거분사**예요!
was(였다)+designed(고안된) = 고안되었다

'아이폰은 고안되었다'

누구에 의해서 고안되었는지 궁금하죠?

❸ by

'~에 의해'를 나타내는 by 다음에 누가 고안했는지를 써 줍니다.

'아이폰은 스티브 잡스에 의해 고안되었다.'

수동태! 처음에는 어렵지만
보다 보면 익숙해져요.

수동태 의문문, 부정문

수동태 의문문, 부정문 만드는 법은 간단해요!

be동사의 의문문, 부정문 만드는 법을
그대로 적용하면 됩니다.

의문문

1단계: be동사를 맨 앞으로 이동
2단계: 물음표 붙이기

Was the iPhone designed by Steve Jobs?

부정문

be동사 다음에 not!

The iPhone was not designed by Steve Jobs.

바로 예문 적용! 다음 빈칸을 완성하세요.

This picture was painted by Amy.

이 그림은 Amy에 의해 그려졌다.

의문문

_____ this picture painted by Amy?

이 그림은 Amy에 의해 그려졌니?

부정문

This picture was _____ painted by Amy.

이 그림은 Amy에 의해 그려지지 않았다.

의문문으로 만들 때는 be동사 was만 맨 앞으로 이동!
부정문에는 was 다음에 not만 붙이면 되죠!

Was, not

be동사 의문문, 부정문이 헷갈리시는 분들은
왕기초 편 1권의 Unit 6을 읽어 보세요.

Q 과거분사형하고 과거형은 어떻게 구분하나요?

A 과거분사형과 과거형의 형태는 같을 때도 있고 다를 때도 있어요.
예를 들어, taken 같은 경우는 딱 봐도 과거분사이지만 (take – took – taken)
made는 과거형과 과거분사형이 같으니깐 구분하기 어렵죠? (make – made – made)
이럴 때는 쓰임을 살펴봐야 합니다.

❶ 과거형의 쓰임
과거형은 동사 칸에 혼자 쓰고요. '~했다'라는 과거의 뜻을 지닙니다.
I made a cushion. (나는 쿠션을 만들었다.)

❷ 과거분사형의 쓰임
과거분사는 더 이상 동사가 아닙니다. 동사가 변신했어요.
동사 칸에 혼자 쓸 수 없어요.
그래서 have나 be동사에 붙어서 하나의 세트처럼 써요.

have + 과거분사 ⇨ 현재완료
I've made a cushion before. (나는 쿠션을 만들어 본 적이 있다.)

be동사 + 과거분사 ⇨ 수동태
This cushion was made by Karen. (이 쿠션은 Karen에 의해 만들어졌다.)

현재완료에 대해서 궁금하신 분들은 왕필수 편 1권의 Unit 13을 읽어 보아요~!

한국어의 수동태?

한국어에서는 수동 표현을 영어에서처럼 자주 사용하지
않아요. 가능하면 능동으로 표현하는 게 자연스럽지요. 하
지만 이 책에서는 영어 문장의 이해를 돕기 위해 조금 어
색한 한국어 수동태 표현도 사용했답니다.

주어진 단어를 활용하여 수동태 문장을 완성하세요.

❶

write

이 책은 Brown 씨에 의해 집필되었다.
This book was _____ by Mr. Brown.

책이 <u>스스로</u> 집필하는 게 아니라 Brown 씨에 의해 집필되었죠?
수동태는 'be동사 + 과거분사 + by'예요. be동사 was가 보여요.
다음에 write(쓰다)의 과거분사형 written을 쓰면 됩니다.

❷

arrest

두 도둑은 경찰에 의해 체포되었다.
Two thieves were _____ by the police.

두 도둑은 <u>스스로</u> 체포한 게 아니라 경찰에 의해 체포되었어요.
수동태! 'be동사 + 과거분사 + by' be동사로 were가 있어요.
arrest(체포하다)의 과거분사형은 arrested
arrest – arrested – arrested

❸

Invitation

send

초대장은 Luke에 의해서 보내졌다.
The invitation was _____ by Luke.

초대장이 <u>스스로</u> 간 게 아니라, Luke에 의해 보내진 거죠?
수동태! 'be동사 + 과거분사 + by' be동사로 was가 있어요.
send(보내다)의 과거분사형은 sent
send – sent – sent

Answer   1) written   2) arrested   3) sent

수동태에서 주의할 점!

수동태에서는 과거분사를 써야 한다는 것 말고도
주의할 점이 두 가지나 더 있어요!
함께 살펴볼게요.

1. be동사는 눈치를 봐야 해!

수동태의 형태는 'be동사+과거분사(p.p.)+by~' 이죠?

이때 be동사는 아무거나 쓰면 안 됩니다!
시제와 주어의 눈치를 보고 적절한 be동사를 써야 해요.

눈치 보는 be동사

주어 시제	1인칭	2인칭, 복수	3인칭 단수
현재	am	are	is
과거	was	were	was

be, am, are, is, was, were
이 6가지 중에서
시제와 주어에 따라서 알맞은 be동사를 고르면 됩니다.

연습을 해 볼게요.
다음 빈칸에는 어떤 be동사를 써야 할까요?

현재 시제

This office ____ used by Tom.

이 사무실은 Tom에 의해서 사용된다.

시제는 '사용된다'라는 현재 시제!
주어는 This office로 3인칭 단수!

 is

또 다른 예문이에요.

과거 시제

This office _____ used by Tom.

이 사무실은 Tom에 의해서 사용되었다.

시제는 '사용되었다'를 의미하니 과거 시제!
주어는 This office로 3인칭 단수입니다.

 was

이번에는 조금 더 복잡해 보이는 예문이에요.

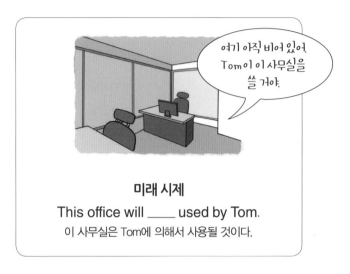

미래 시제

This office will ＿＿＿ used by Tom.

이 사무실은 Tom에 의해서 사용될 것이다.

나중에 사용될 계획을 말하고 있으니 미래 시제예요.
미래를 나타내는 조동사 will이 보이시나요?
will 다음에는 어떤 be동사를 써야 할까요?

조동사 + 동사원형

be동사의 동사원형은 be랍니다.

2. by 다음에 오는 대명사는 목적격!

다음 수동태 문장의 빈칸에는 어떤 말을 써야 할까요?

The glass was broken by _____ .
유리잔이 그에 의해서 깨졌어.

그?he?
him?his?

정답은?

him

왜 him일까요? by에 집중해야 해요!
by는 '~에 의해서'라는 전치사랍니다!

전치사 + 명사
대명사를 쓸 때는 목적격으로~

전치사는 명사와 한 보따리로 쓴다고 했죠?
전치사의 타겟(대상)이 명사이니깐
대명사를 쓸 때는 목적격으로 씁니다.

전치사 다음에 오는 대명사는 목적격!
기억하세요.

문제를 풀어 볼게요.
우리말에 알맞도록 빈칸을 완성해 보세요.

The garden was cleaned by _____.
정원은 그들에 의해 청소되었다.

정원이 스스로 청소하는 게 아니니까 수동태로 썼죠?
be동사 was, 과거분사 cleaned가 있어요.
그 뒤에는 '~에 의해'를 의미하는 by 보이시죠?

by는 전치사이니까 '그들'에 해당하는 단어로
대명사 목적격 them을 쓰면 됩니다.

 them

둘 중 알맞은 단어를 골라 수동태 문장을 완성하세요.

❶

be / is

이 프린터는 학생들에 의해 사용될 수 있다.
This printer can _____ used by students.

이 프린터기가 스스로 사용하는 게 아니라 학생들에 의해 사용되는
거죠? 수동태예요. 'be＋과거분사＋by' 형태를 적용하면 됩니다.
그런데 be동사 쓸 때, 시제와 주어의 눈치를 봐야 하죠? 여기서는
can에 동그라미! 조동사가 있으니깐 be동사는 동사원형을 써 줍
니다. use (사용하다)－used－used

❷

was / were

이 컵은 엄마에 의해 만들어졌다.
This cup _____ made by my mom.

이 컵이 스스로 만든 게 아니라 엄마에 의해 만들어지게 된 거죠?
수동태예요. 'be＋과거분사＋by' 형태를 적용하면 됩니다.
be동사 쓸 때, 시제와 주어의 눈치를 봐야 하는데요. '만들어졌다'
를 의미하니 과거 시제이고요, 주어가 This cup으로 3인칭 단수
이니깐 was를 쓰면 됩니다. make (만들다)－made－made

❸

she / her

이 꽃들은 그녀에 의해 심어졌다.
These flowers were planted by _____.

꽃이 스스로 심는 게 아니라, 그녀에 의해 심어지게 된 거죠?
수동태예요. 'be＋과거분사＋by' 형태를 적용하면 됩니다.
시제가 과거이고, 주어가 These flowers로 3인칭 복수라서 be
동사는 were를 썼어요. by 다음에 대명사를 쓰는데 이때 목적격
을 써야 합니다. she (주격), her (소유격), her (목적격)
plant (심다)－planted－planted

Answer 1) be   2) was   3) her

Unit 26 수동태를 쓰는 이유

수동태가 무엇인지 조금은 알겠나요?
이렇게 어려운 형태의 수동태를 왜 쓰는 걸까요?
수동태를 쓰는 이유를 상황과 함께 살펴볼게요.

책상 위에 안경이 있어요.
그런데 Tom이 지나가면서 안경을 떨어뜨렸고, 안경이 깨졌어요.

이 사건에 대해서 이야기할 수 있는 방법은 2가지가 있어요~

1 Tom을 강조하는 방법
2 안경을 강조하는 방법

영어에서는 어떤 말을 강조하려면, 그 말을 제일 먼저 꺼냅니다.
즉, 주어의 자리에 써요~

강조하는 말은? 주어 자리에~

두 문장을 한번 볼까요?

1 Tom broke my glasses.
Tom이 내 안경을 깼어.

2 My glasses were broken by Tom.
내 안경이 Tom에 의해서 깨졌어.

1 Tom을 강조
강조 포인트인 주어의 자리에 Tom을 써서
Tom이 어떠한 행동을 했는지 보여 주고 있죠.
Tom이 직접 안경을 깼기 때문에 **능동태**로 썼어요.

2 안경을 강조
주어의 자리에 My glasses를 써서,
내 안경이 어떻게 되었는지 말하고 있죠.
주어인 '안경'이 스스로 깨진 게 아니라,
Tom에 의해서 깨졌기 때문에 **수동태**로 썼답니다.

이처럼 수동태는요~

행동을 하는 자, 즉 '행위자'를 강조하지 않을 때 씁니다.
별로 안 중요하니깐 문장 끝에 'by 행위자'로 쓴 거예요.

be동사 + 과거분사 + by 행위자

나는 별로 안 중요해,
맨 끝에 써!

이번에는 여러분이 직접 문장을 만들어 보세요.

선풍기가 고장 났는데, Dave가 고쳤어요.
이 사건에 대해 2가지 방법으로 말할 수 있겠죠?

1 Dave를 강조하는 방법
2 선풍기를 강조하는 방법

다음 빈칸을 완성해 볼까요?

repair 고치다

1 Dave _____ the fan.
Dave가 선풍기를 고쳤어.

2 The fan ____ ____ ____ Dave.
선풍기는 Dave에 의해 고쳐졌어.

1 Dave를 강조

Dave가 스스로 선풍기를 고쳤죠? 능동태 문장이에요.
과거 시제이니까 동사 repair에 ed만 붙이면 됩니다.

2 선풍기를 강조

선풍기가 스스로 고치는 게 아니라 Dave에 의해서 고쳐진 거죠?
수동태의 형태는 'be동사 + 과거완료 + by'

'고쳐졌다'는 과거 시제를 말하고,
주어 The fan은 3인칭 단수이니 be동사는 was를 씁니다.
repair(고치다) − repaired − repaired

행위자 Dave는 중요하지 않으니 맨 뒤에 by Dave로 썼고요.

 1 repaired   2 was repaired by

이제 능동태와 수동태를 왜 구분해서 쓰는지
조금 이해되시나요?

수동태를 쓰는 이유

'행위자'를 강조하지 않을 때 씀
경우에 따라 'by 행위자'는 생략 가능함

수동태는 '행위자'가 중요하지 않다고 설명 드렸는데요~
정말 안 중요할 때는 생략해도 됩니다.

일반적인 사람(we, people 등)이 했거나,
행위자가 분명하지 않거나,
행위자를 말할 필요가 없을 때는 생략해도 문제 없어요.

by people(사람들에 의해) ⋯ **생략 가능**
by us(우리에 의해) ⋯ **생략 가능**
by them(그들에 의해) ⋯ **생략 가능**
by someone(누군가에 의해) ⋯ **생략 가능**

예를 들어볼게요.

정원을 소개하고 있어요!

This garden was made in 1406.
이 정원은 1406년에 만들어졌어요.

정원이 스스로 생긴 것이 아니라,
누군가에 의해 만들어졌으니
수동태로 was made라고 썼어요.

단, 누가 만들었는지는 중요하지 않으니
'by+행위자'를 생략했답니다.

또 다른 예를 볼게요.

"내 지갑을 어제 도둑맞았어."를 수동태로 말하고 싶어요!
누가 훔쳐갔는지는 몰라요~

steal
훔치다

My wallet was stolen yesterday.
내 지갑이 어제 도난 당했어.

지갑이 스스로 훔치는 것이 아니라,
누군가에 의해 훔쳐진 거니깐 수동태로 썼죠!

단, 누가 훔쳐 간 건지는 모르니까
'by+행위자'는 쓰지 않았답니다.

문장 만들기

다음 단어를 바르게 배열하여 문장을 완성하세요.

❶

by Kate
was
found
the key

> 열쇠는 Kate에 의해 찾아졌다.(발견되었다)
> _____

열쇠가 스스로 찾는 게 아니라 Kate에 의해 찾아졌죠?
수동태! 열쇠를 강조하기 위해서 The key부터 쓰고요.
수동태 형태로 was found를 씁니다. 제일 중요하지 않은
by Kate는 끝에 쓰면 됩니다.
find (찾다) – found – found

❷

ENGLISH

is
English
in many countries
spoken

> 영어는 많은 나라에서 말해진다.(사용된다)
> _____

영어가 스스로 말하는 게 아니라 사람들에 의해서 말해지
죠? 수동태! 영어를 강조하기 위해서 English부터 쓰고
수동태 형태로 is spoken을 씁니다. 일반적인 사람들에
의해 말해지는 거니깐 'by+행위자'는 생략했어요.
speak (말하다) – spoke – spoken

❸

washed
the car
was
by Jane

> 차는 Jane에 의해 세차되었다.
> _____

차가 스스로 세차하는 게 아니라, Jane에 의해 세차가 되
었죠? 수동태! 차를 강조하기 위해 The car부터 썼어요.
동사는 수동태로 was washed라고 씁니다. 제일 중요하
지 않은 'by 행위자'는 끝에 쓰면 됩니다.
wash (씻다) – washed – washed

Answer 1) The key was found by Kate.   2) English is spoken in many countries.
3) The car was washed by Jane.

38

Unit 27 능동태를 수동태로 바꾸는 연습

실제로 대화를 할 때는
능동태를 수동태로 바꿀 일이 없어요!
내가 말하고 싶은 의도대로, 능동태 또는 수동태를 쓰면 되니까요.

문제는! 문법 시험에서 자꾸 등장한다는 거죠.

시험 준비하는 분들만 보세요!

시험에 나와도 당황하지 않을 수 있는 방법을 소개할게요!
제일 기본적으로 많이 쓰는 3형식 패턴을 집중 연습!

능동태를 수동태로 바꿔야 한다면,
당황하지 말고 문장 위에 번호를 써 보세요. 3번, 2번, 1번!

❸   ❷   ❶
Amy made this chair.
Amy는 이 의자를 만들었다.

이때 번호를 아무 데나 쓰는 게 아니고요~

주어 위에 ❸번
동사 위에 ❷번
목적어 위에 ❶번

이 능동태의 3,2,1을 1,2,3 순서로 바꿔 쓰면 수동태가 됩니다.
한번 바꿔 볼까요?

1단계 : ❶번을 맨 앞으로!

능동태를 수동태로 만들 때!
능동태에서 목적어인 1번 단어를 맨 앞으로 이동합니다.

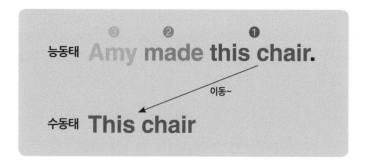

2단계 : ❷번을 'be동사＋과거분사'로 바꾸기!

2번에 해당하는 동사를
'be동사＋과거분사'의 수동태 형태로 바꿉니다.
be동사는 시제와 주어의 눈치를 봐야 한다는 것 잊지 마세요.

능동태 문장의 made에서 알 수 있듯이 과거 시제죠?
수동태에서 주어 This chair가 3인칭 단수이니깐
be동사는 was를 썼어요.

make의 3단 변화형은 make－made－made

3단계 : by 쓰고 ❸번 단어 쓰기

능동태에서는 중요한 행위자 Amy가
수동태에서는 중요하지 않으니 맨 뒤로 보내야겠죠?

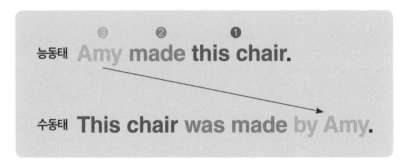

by를 쓰고 3번 단어를 써 줍니다.

그럼 끝!
'이 의자는 Amy에 의해서 만들어졌다.'라는 문장이 만들어졌어요!

한 문장 더 연습해 볼까요?
다음 능동태 문장을 수동태로 바꿔 보세요.

Tom brought this cake.
Tom이 이 케이크를 가져왔다.

⇩

_____

이 케이크는 Tom에 의해 가져와졌다.

능동태 문장 위에 3,2,1번부터 써 두면 안 헷갈리겠죠?

③ ② ❶
Tom brought this cake.

주어인 Tom은 ❸번
동사인 brought은 ❷번
목적어인 this cake는 ❶번

수동태로는 1,2,3번 순서대로 쓰기!

1단계 : ❶번을 맨 앞으로!
2단계 : ❷번을 'be동사+과거분사'로 바꾸기!

능동태 문장의 brought를 보니 시제가 과거죠?
수동태의 주어 This cake가 3인칭 단수이니깐
be동사는 was를 쓰면 됩니다.

bring의 3단 변화형은?
bring(가져오다)—brought—brought
참고 buy(사다)—bought—bought

3단계 : by 쓰고 ❸번 단어 쓰기

행위자는 안 중요하니깐 문장 뒷 부분에 쓰면 됩니다.

 This cake was brought by Tom.

이렇게 문장을 바꿀 때, 주의할 점이 있다고 했죠?

능동태
She opens the shop at 7.
그녀는 가게를 7시에 연다.

수동태
The shop is opened by her at 7.
가게는 그녀에 의해 7시에 열린다.

1) 시제
능동태 문장에 동사 open에 s가 보이죠? 현재 시제!
그래서 수동태도 현재 시제로 써 줘야 해요.
수동태에서 시제를 담당하는 것은 be동사! is를 썼어요.

2) 대명사
능동태에는 '그녀'가 주어의 자리에 있으니 주격으로 She를 썼고요.
수동태에는 by 다음에 있으니 목적격으로 her를 썼어요.

한 가지 더 확인할 사항!
3형식 능동태 문장에 있는 목적어 the shop이
수동태에서는 주어가 되죠?
그래서 수동태로 바뀐 문장에는 목적어가 따로 없어요!

Q 모든 문장을 수동태로 만들 수 있나요?

A 아니요! 능동태를 수동태로 만들 때, 능동태의 목적어를 수동태의 주어로 만들죠? 그래서 능동태 문장에 목적어가 있는 경우만 수동태로 만들 수 있어요!

그럼, 5가지 문장 구조 중에서 어떤 문장을 수동태로 만들 수 있을까요?

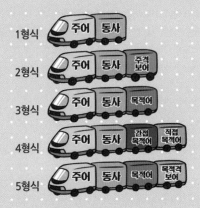

목적어가 있는 3,4,5형식만 수동태로 만들 수 있겠죠?
1,2형식은 목적어가 없어서 수동태로 못 만들어요.

예를 들어 He is sad. (그는 슬프다.)
'~을/를'에 해당하는 대상이 없죠? 수동태 불가입니다.

참! 우리가 지금까지 3,2,1로 연습한 문장은 3형식이랍니다. 3형식 능동태 문장을
수동태로 바꾸는 연습을 많이 해 둬야 4, 5형식으로 된 문장도 바꾸기 쉬워요.

문장 만들기

다음 능동태 문장을 수동태 문장으로 만들어 보세요.

> ### Scott baked this bread.
> ⇨ _____

'Scott은 이 빵을 구웠다.' ⇨ '이 빵은 Scott에 의해 구워졌다.'
❸Scott ❷baked ❶this bread.
This bread부터 주어로 씁니다. 능동태 문장의 동사(baked)에서 알 수 있듯이 과거 시제이고 수동태에서 주어(This bread)가 3인칭 단수이니깐 be동사는 was를 써요. 행위자는 맨 뒤에 by와 함께 씁니다. bake(굽다)-baked-baked

> ### Tim opened these boxes.
> ⇨ _____

'Tim이 이 상자들을 열었다.' ⇨ '이 상자들은 Tim에 의해 열렸다.'
❸Tim ❷opened ❶these boxes.
These boxes부터 주어로 씁니다. 능동태 문장의 동사(opened)에서 알 수 있듯이 과거 시제이고 주어(These boxes)가 3인칭 복수이니깐 be동사는 were를 써요. 행위자는 맨 뒤에 by와 함께 씁니다. open(열다)-opened-opened

> ### She hurt me.
> ⇨ _____

'그녀는 나에게 상처를 줬다.' ⇨ '나는 그녀에게 상처를 받았다.'
❸She ❷hurt ❶me.
me를 주어의 자리에 쓸 때는 주격 I로 써야 합니다. 능동태 문장의 동사(hurt) 시제가 과거이고, 주어 I가 1인칭 단수이니깐 be동사는 was를 써요. hurt(상처를 주다) - hurt - hurt
보충) 능동태 문장의 hurt는 과거형입니다. 만약에 현재형으로 썼으면 She가 3인칭 단수이니깐 hurts라고 썼겠죠?

Answer 1) This bread was baked by Scott.   2) These boxes were opened by Tim.
3) I was hurt by her.

수동태 TEST

A 다음 문장이 능동태인지 수동태인지 쓰세요.

---

1 I saw the movie. _____

2 Jack locked the door. _____

3 The fly was caught by Mark. _____

4 The problem was solved by Lucy. _____

5 Was Jenny invited to the party? _____

주어가 스스로 하면 능동태, 주어가 스스로 하지 않으면 수동태라고 했죠?

1 나는 영화를 보았다.
나는 영화를 보죠? saw는 see의 과거형이에요.
목적어 '~을/를'에 해당하는 the movie도 확인하세요.

2 Jack은 문을 잠갔다.
Jack이 문을 잠근 거죠? locked는 lock의 과거형이에요.
목적어 '~을/를'에 해당하는 the door도 확인하세요.

3 파리가 Mark한테 잡혔다.
파리가 스스로 잡는 게 아니라, Mark에 의해 잡힌 거죠?
수동태! 'be동사 + 과거분사'로 was caught를 썼어요.
caught는 catch의 과거분사형입니다. 문장 뒤에 by Mark로 행위자를 나타
내고 있어요. catch(잡다) – caught – caught

4 문제는 Lucy에 의해 해결되었다.
문제가 스스로 해결하는 게 아니라, Lucy에 의해 해결된 거죠?
수동태! 'be동사+과거분사'로 was solved를 썼고, 문장 뒤에 by Lucy로 행
위자를 나타내고 있어요. solve(해결하다) – solved – solved

5 Jenny는 파티에 초대되었니?
Jenny가 누구를 초대했는지 물어보는 게 아니라 초대되었는지 묻는 문장이에
요. 수동태 의문문! 'be동사 + 과거분사'를 찾아보세요. Was, invited가 보이
시죠?

Answer 1) 능동태 2) 능동태 3) 수동태 4) 수동태 5) 수동태

B 괄호 안의 동사를 변형하여 수동태 문장을 완성하세요.

---

1 The work was _____ by Claire. (do)
2 The Fax was _____ by Alexander Bain. (invent)
3 Is this song _____ by Joe? (sing)
4 This bag wasn't _____ in China. (make)
5 Fast food is not _____ in schools. (sell)

---

1 그 일은 Claire에 의해 행해졌다.
일이 스스로 하는 게 아니라, Claire에 의해 행해졌어요.
수동태는 'be동사 + 과거분사 + (by)' 형태!
do(하다) – did – done 형태에 유의하세요.

2 팩스는 Alexander Bain에 의해 발명되었다.
팩스가 스스로 발명하는 게 아니라 Alexander Bain에 의해 발명된 거죠?
수동태는 'be동사 + 과거분사 + (by)'예요.
invent(발명하다) – invented – invented

3 이 노래는 Joe에 의해 불러지니?
노래가 스스로 부를 수 없죠? Joe에 의해 불러지는지 묻고 있는 수동태 의문
문이에요. be동사 Is가 맨 앞에 있으니 빈칸에는 과거분사형만 써 주면 됩니다.
sing(노래하다) – sang – sung

4 이 가방은 중국에서 만들어지지 않았다.
이 가방이 스스로 만드는 게 아니라, 누군가에 의해 만들어지는 것이겠죠?
수동태! wasn't는 was not의 줄임이니 수동태 부정문입니다. 'by + 행위자'
는 중요하지 않아서 생략되었어요.
make(만들다) – made – made

5 패스트푸드는 학교에서 판매되지 않는다.
수동태 부정문이에요. is 다음에 not이 보이죠? 빈칸에는 과거분사형을 써 주
면 됩니다. 'by + 행위자'는 중요하지 않아서 생략되었답니다.
sell(팔다) – sold – sold

Answer　1) done　　2) invented　　3) sung　　4) made　　5) sold

C 다음 〈보기〉에서 알맞은 말을 골라 문장을 완성하세요.

〈 보기 〉

am	are	is	was	were	be

---

1 I _____ bitten by a bug last night.
나는 어젯밤에 벌레한테 물렸다.

2 Cheese should _____ kept in the refrigerator.
치즈는 냉장고에 보관되어야 한다.

3 This factory _____ built last year.
이 공장은 작년에 지어졌다.

4 These posters _____ created by students yesterday.
이 포스터들은 어제 학생들에 의해 창작되었다.

5 Mr. Lee _____ respected by many students.
Lee 선생님은 많은 학생들에 의해 존경받는다.

모두 주어가 스스로 하지 않는 수동태 문장이에요.

1 어젯밤(last night)에 물렸다! 명백하게 과거 시제이죠?
주어는 I이니, be동사는 was를 쓰면 됩니다. bite(물다) – bit– bitten

2 should에 주목하세요. 조동사 다음에는 동사원형을 써야 해요.
be동사의 동사원형은 be예요. keep(보관하다) – kept – kept

3 작년(last year)에 지어졌다! 명백하게 과거 시제입니다.
주어 This factory는 3인칭 단수이니 be동사는 was를 써 줘야 해요.

4 어제(yesterday) 일어난 일이기 때문에 과거 시제예요.
주어 These posters가 3인칭 복수이니 be동사는 were를 씁니다.
create(창작하다) – created – created

5 선생님이 학생들에 의해 존경받고 있는 현재 상태를 진술하고 있어요.
주어는 Mr. Lee로 3인칭 단수이기 때문에 be동사는 is를 씁니다.
respect(존경하다) – respected – respected

Answer   1) was   2) be   3) was   4) were   5) is

49

D 어법상 알맞은 말을 고르세요.

> **1** She (drew / was drawn) this picture.
> **2** This book (wrote / was written) by Lisa.
> **3** He (rides / is ridden) a bike every day.
> **4** The door (broke / was broken) yesterday.
> **5** The meeting (cancel / was canceled) by Robert.

1 그녀는 이 그림을 그렸다.
그녀가 스스로 그림을 그리는 것이니 능동태! 목적어 this picture가 보이시죠?
draw(그리다) – drew – drawn

2 이 책은 Lisa에 의해 쓰여졌다.
책이 스스로 쓰는 게 아니죠? Lisa에 의해 쓰여진 거죠?
write(쓰다) – wrote – written

3 그는 매일 자전거를 탄다.
그가 스스로 자전거를 타는 거죠? 능동태!
주어 He가 3인칭 단수이니깐 동사에 s를 붙여야 합니다.
목적어 a bike도 확인하세요.

4 그 문은 어제 깨졌다.
문이 스스로 깬 것이 아니라 누군가에 의해 깨진 거죠?
행위자가 중요하지 않을 때 'by 행위자'는 생략해요.
break(깨다) – broke – broken

5 회의는 Robert에 의해 취소되었다.
회의가 스스로 취소한 게 아니라 Robert에 의해 취소된 거죠?
cancel(취소하다) – canceled – canceled

Answer 1) drew 2) was written 3) rides 4) was broken 5) was canceled

E 다음 두 문장이 같은 뜻이 되도록 빈칸을 완성하세요.

---

1 Kelly took this photo. = This photo ____ _____ by _____.

2 He will cook dinner. = Dinner will ____ _____ by _____.

3 She caught dragonflies. = Dragonflies ____ _____ by ___.

4 Sam cleaned the room. = The room ____ _____ by _____.

5 Ben changed the plan. = The plan ____ _____ by _____.

---

1 Kelly는 이 사진을 찍었다. 이 사진은 Kelly에 의해 찍혔다.
능동태 문장에서 동사가 took이니 시제가 과거임을 알 수 있죠? 수동태의 주어 This photo가 3인칭 단수이기 때문에 be동사는 was를 씁니다.
take(찍다) − took − taken

2 그는 저녁 식사를 요리할 것이다. 저녁 식사는 그에 의해 요리될 것이다.
능동태 문장에서 동사는 will cook 미래를 나타내는 조동사 will과 함께 있어요. 수동태 문장에도 will이 그대로 있죠? 조동사 다음에 오는 be동사는 동사 원형을 씁니다. by 다음에는 행위자를 쓰는데, by가 전치사이니 목적격 him으로 써야 합니다. cook(요리하다) − cooked − cooked

3 그녀는 잠자리(들)를 잡았다. 잠자리는 그녀에게 잡혔다.
'능동태 문장에서 동사는 caught로 과거 시제입니다. 수동태에서 주어가 Dragonflies로 3인칭 복수라서 be동사는 were를 씁니다. by 다음에는 행위자를 쓰는데, by는 전치사! 전치사 다음이니 목적격 her로 써야 합니다.
catch(잡다) − caught − caught

4 Sam은 방을 청소했다. 방은 Sam에 의해 청소되었다.
능동태 문장에서 동사 cleaned는 시제가 과거죠?
수동태에서 주어가 The room으로 3인칭 단수이니 be동사는 was를 써요.
clean(청소하다) − cleaned − cleaned

5 Ben은 그 계획을 변경했다. 그 계획은 Ben에 의해 변경되었다.
능동태 문장에서 동사 changed는 과거 시제를 나타냅니다.
수동태의 주어 The plan이 3인칭 단수이니 be동사는 was를 써요.
change(바꾸다) − changed − changed

Answer 1) was taken, Kelly   2) be cooked, him   3) were caught, her
4) was cleaned, Sam   5) was changed, Ben

Par

to부정사

Unit 29-36

Unit 29 to부정사는 왜 쓰지?

우리 왕필수 1권에서 잠깐 to부정사를 배웠죠?
to부정사는 간단합니다!
동사 앞에 to를 달고 오는 것!

다음 문장에서 to부정사를 찾아볼까요?

I like to drink coffee.
나는 커피 마시는 것을 좋아한다.

to와 동사를 함께 쓴 것은?

I like to drink coffee.

to drink가 바로 to부정사랍니다!

한 가지 주의할 점이 있다면~
to 다음에는 꼭 동사원형을 써야 한다는 거예요.

to + 동사원형

동사원형은 동사에 아무것도 안 붙인 형태죠!

to drinks (X) s가 붙어 있어서 탈락
to drank (X) 과거형이라서 탈락
to drink (O) 동사원형

우리가 단어 책에서 외우는 동사 그대로가 동사원형입니다.

to부정사는 왜 쓸까요?

동사를 또 쓰고 싶어서!

모든 문장에 동사 칸은 한 개 있다고 했죠? 주어 칸 옆에요!

그런데 이 동사 칸 말고
다른 곳에 또 동사를 쓰고 싶은 거예요.

이때 그냥 쓰면 '동사 칸'의 동사하고 구분이 안 되잖아요.
그래서 to를 붙인 거랍니다.

문제를 함께 볼게요!

빈칸에 read, to read 중에 무엇을 써야 할까요?

이미 동사 칸에는 like라는 동사가 있어요!
동사 칸이 아닌 다른 곳에 read라는 동사를 또 쓰는 것이니,
to를 붙인 to부정사를 써야겠죠?

이번에는 teach와 to teach 중에 어떤 단어를 써야 할까요?

동사 칸에는 이미 be동사인 is가 있어요.
동사 칸이 아닌 곳에 teach라는 동사를 쓰는 것이니깐
to부정사로 써야 합니다.

한 문제 더!

다음 빈칸에는 likes와 to like 중에 어떤 말이 들어가야 할까요?

이번에는 동사 칸이 비어 있죠?
동사 칸에는 to부정사가 탑승할 수 없어요!

정답은?

동사 칸에 동사를 쓰는 거니깐 시제와 주어 눈치를 봐야 해요.
'좋아한다'는 현재 사실이고, 주어 He는 3인칭 단수이니
동사에 s를 붙여 likes라고 씁니다.

to부정사는 동사 칸에 탑승 불가!
동사 칸에 아닌 곳에 동사를 쓸 때 사용한다는 것을 기억하세요!

이제 to부정사하고 살짝 친해졌나요?

그럼 to부정사는 도대체 동사 칸이 아닌 곳에서
뭘 하는 건지 살펴 볼까요?

바로!

to부정사의 용법

명사적 용법
형용사적 용법
부사적 용법

명사, 형용사, 부사로 활동합니다!

다음 Unit에서 하나씩 살펴볼게요!

Q to부정사라는 이름 자체가 너무 어려워요!
부정하다? 뭘 부정한다는 거죠?

A to부정사는 동사 칸에 타지 않는다고 했죠?
따라서 동사 칸의 의무를 지키지 않아도 된다는 의미랍니다.

동사 칸에 어떤 의무가 있냐고요?
시제와 주어에 따라 눈치를 보고 동사에 s, ed 등을 붙이는 의무가 있어요.

I **live** in Korea. (나는 한국에 산다.) 주어 1인칭, 현재 시제
She **lives** in Korea. (그녀는 한국에 산다.) 주어 3인칭 단수, 현재 시제
She **lived** in Korea. (그녀는 한국에 살았다.) 주어 3인칭 단수, 과거 시제

시제와 주어에 따라서 live, lives, lived 등 모두 다르게 썼죠?
to부정사는 이런 동사의 의무를 부정합니다!

to부정사 : 나는 동사 칸에 안 타고, 동사칸의 의무도 부정할래!

 아닐 부

동사가 동사 칸에서 의무를 따라야 한다는 규정을 부정해 버리고!
'to+동사원형'으로 명사, 형용사, 부사처럼 쓰는 to부정사는 자유로운 영혼!

〈보기〉에서 알맞은 표현을 골라 문장을 완성하세요.

─〈 보기 〉─

| take | takes | took | to take |

① I want _____ a taxi.
나는 택시 타기를 원해.

주어 칸 옆, 동사 칸에 이미 '원하다'라는 동사 **want**가 있어요. 또 동사를 쓰는 것이니 **to**부정사를 쓰면 됩니다.

② I _____ a taxi last night.
나는 어젯밤에 택시를 탔다.

주어 칸 옆에 있는 동사 칸이 비어 있어요. 동사 칸에 동사가 들어가야 해요. 시제와 주어의 눈치도 봐야 하고요. **last night**은 어젯밤으로 과거 시제이고, 주어는 **I**이니 동사는 과거형으로 쓰면 됩니다.

③ Tom _____ a shower every morning.
Tom은 매일 아침 샤워를 한다.

동사 칸이 비어 있어요. 동사 칸에 동사가 들어가야 해요. **every morning**은 매일 아침을 의미하니 현재 시제죠? 주어 **Tom**은 3인칭 단수이니 동사에 **s**를 붙여야 합니다.

Answer 1) to take   2) took   3) takes

to부정사의 명사적 용법 ①

to부정사의 명사적 용법!
이름만 들어도 어려워 보이죠?

먼저 우리말로 생각해 보면 쉬워요~

먹다 ⇨ 먹는 것
'다'로 끝나니깐   '다'는 빠이빠이~
동사야   우리는 명사

동사 '다'를 버리고 '~하기, ~하는 것'을 붙이면 명사처럼 쓰이죠?

영어도 마찬가지예요.

eat ⇨ to eat
'먹다' 동사   '먹기', '먹는 것' 명사

to부정사는 '~하다'가 아니고요.
명사처럼 '~하기, ~하는 것'으로 쓸 수 있어요.

to부정사가 명사처럼 쓰일 때!

~하는 것
~하기

신난다~ to를 붙이면 명사인 척할 수 있어!

근데, 명사인 척 하면 뭐가 좋아?

우리는 동사

명사처럼 쓰면 어떤 혜택(?)을 누릴 수가 있을까요?

다음 문장에서 명사 Tom이 어디 열차 칸에 탔는지 분석해 봅시다.

Tom is a student.
I like Tom.
This is Tom.

'열차 칸이 뭐지?'라고 생각되시는 분들은
왕필수편 1권 Unit 1을 복습하고 오세요~

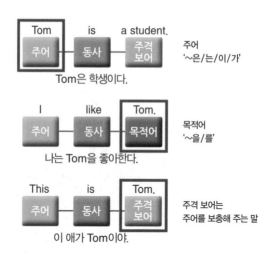

주어
'~은/는/이/가'

Tom은 학생이다.

목적어
'~을/를'

나는 Tom을 좋아한다.

주격 보어는
주어를 보충해 주는 말

이 애가 Tom이야.

문장 열차에서 볼 수 있듯이,
Tom이란 명사가 **주어**, **목적어**, **보어**의 칸에 타고 있죠?

명사인 척하면 좋은 점
: 주어, 목적어, 보어의 칸에 탑승

주먹

보

주어 / 목적어

보어

to부정사도 명사인 척하면 이처럼
주어, 목적어, 보어의 칸에 탑승할 수 있습니다!

to부정사의 명사적 용법 ❶ : 주어

주어는 '~은 / 는 / 이 / 가'로 해석되는 칸이에요.

그 책은 **재미있다.**

주어의 자리에 명사 The book이 타고 있죠?
to부정사도 명사처럼 주어의 칸에 들어갈 수 있다고 했어요.

책을 읽는 것은 **재미있다.**

주어의 칸에 to read 다음 books까지 한 뭉치로 따라 들어가죠?
to부터 동사 다음에 따라오는 단어까지
통째로 **to부정사구**라고 해요.

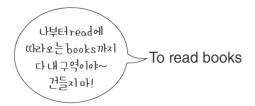

주어 칸에 들어간 to부정사구는
'~하는 것은 / ~하기는'으로 해석이 된답니다.

to부정사가 주어 칸에 있을 때

~하는 것은, ~하기는

to부정사의 가주어, 진주어

그런데 이처럼 to부정사가 주어 역할을 할 때
꼭 등장하는 용어가 또 있어요. 가주어, 진주어!

개념을 잡아봅시다!
먼저, 예문에서 주어를 찾아보세요.

To eat good food is important.

동사 is 앞의 단어들이
to부정사구로 모두 주어에 속한다고 했죠?

To eat good food is important.
좋은 음식을 먹는 것은 중요하다.

위의 문장이 문법적으로는 맞지만 실제 생활에서는 잘 안 씁니다.

왜냐! 주어가 길다 보니
동사 칸에 쓰는 동사와 너~무 멀어져서 요점을 잡기가 힘들거든요!

그래서! 주어 자리에 짧은 단어 It을 먼저 써 주고요~
원래 주어의 칸에 있는 to부정사구는 맨 뒤로 보내 버려요.

To eat good food is important.

❶   ❷

It is important to eat good food.
좋은 음식을 먹는 것은 중요하다.

❶ '주어 칸'에 It 쓰기
❷ 'to부정사구'는 문장 맨 뒤로

It은 별 뜻 없고 짧아서 쓴 거죠?
그래서 **가짜 주어**, **가주어**라고 하고요~

원래 주어 칸에 있던 to부정사구는 뒤로 갔죠?
뒤에 있지만, 사실 **진짜 주어**이니깐 **진주어**라고 해요.

가짜 주어
= 가주어

진짜 주어
= 진주어

It is important to eat good food.

자주 쓰는 패턴이니 익숙해집시다!

다음 문장에서 주어 칸에 속하는 단어들에 밑줄 그어 보세요.

> **1** To watch movies is fun.
> **2** To earn money is difficult.

1, 2번 문장에서 is에 동그라미 해 보세요. is가 동사 칸에 있는 동사죠?
그럼 동사 앞에 있는 to부정사구가 주어 칸에 속한답니다.
주어는 '~은/는/이/가'로 해석하면 돼요.

1 영화를 보는 것은 **즐겁다.**
   To watch movies가 to부정사구입니다.

2 돈을 버는 것은 **어렵다.**
   To earn money가 to부정사구예요.

이때 주어의 자리에 to부정사를 쓰면 '~하는 것' '~하기'로 해석되기 때문에
3인칭 단수로 여깁니다.

To watch movies is fun. (O)
To watch movies are fun. (X)

movies가 복수라고 be동사를 are로 쓰면 안 됩니다.

Answer 1) To watch movies   2) To earn money

 만들기

다음 단어를 바르게 배열하여 문장을 완성하세요.

①

to
exercise
good
every day

It is _____.
매일 운동하는 것은 좋다.

[가주어] It [진주어] to exercise every day
To exercise every day is good.
주어가 너무 길어서 It을 대신 써 주고, 진짜 주어는 맨
뒤에 써요.

②

dangerous
to
a motorbike
ride

It is _____.
오토바이 타는 것은 위험하다.

[가주어] It [진주어] to ride a motorbike
To ride a motorbike is dangerous.
주어가 너무 길어서 It을 대신 써 주고, 진짜 주어는 맨
뒤에 써요.

③

fun
play the guitar
to

It is _____.
기타 치는 것은 재미있다.

[가주어] It [진주어] to play guitar
To play the guitar is fun.
주어가 너무 길어서 It을 대신 써 주고, 진짜 주어는 맨
뒤에 써요.

Answer 1) good to exercise every day   2) dangerous to ride a motorbike
3) fun to play the guitar

to부정사의 명사적 용법 ②

to부정사의 명사적 용법 ❷ : 목적어

목적어는 '~을/를'로 해석되는 칸이에요.

나는 그 책을 좋아해.

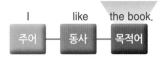

목적어 칸에 명사 the book이 타 있죠?

명사가 타는 목적어 자리에 to부정사도 들어갈 수가 있어요.

나는 책 읽는 것을 좋아해.

to부정사구가 목적어 칸에 타 있죠?

'~하는 것을/ ~하기를'로 해석이 된답니다.

to부정사가 목적어 칸에 있을 때
~하는 것을, ~하기를

to부정사의 명사적 용법 ❸ : 보어

보어 하면 뭘 떠올리면 될까요?
주격 보어, 목적격 보어가 생각난다면 성공!

먼저 주격 보어부터 볼게요!

누가 학생인가요? She!
She ≈ a student의 관계가 성립되죠?

명사처럼
주격 보어의 자리에 to부정사가 들어갈 수 있어요.

내 취미 ≈ 자전거 타는 것
이 관계가 성립됩니다.

목적격 보어도 볼게요.

나는 그 강아지를 Jack이라고 **부른다.**

Jack이라고 불리는 대상은?
목적어에 있는 **the dog**죠? the dog ≈ Jack

명사처럼!
목적격 보어의 자리에 to부정사도 들어갈 수 있답니다~

그녀는 내가 저녁 요리하기를 **원한다.**

누가 요리하나요? 목적어에 있는 내가 요리하겠죠?
me ≈ to cook dinner

'저녁 요리하기를' 목적격 보어입니다.

to부정사가 보어 칸에 있을 때

주격 보어 : 주어 보충
목적격 보어 : 목적어 보충

지금까지 배운 명사적 용법을 한눈에 정리해 볼게요!

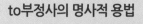

to부정사의 명사적 용법

주어	목적어	보어
~하는 것은 ~하기는	~하는 것을 ~하기를	≈

아하!
to부정사는 동사
칸에 안 타고!

명사인 척 하면서
주어, 목적어, 보어 칸에
탈 수 있구나~

다음 문장들을 해석해 볼까요?

---

1 **My job is to teach English.**

2 **I want to see you.**

3 **It is difficult to learn French.**

모두 동사 칸에 동사가 있고,
또 동사를 쓰기 위해서 to부정사를 썼죠?

1 동사로는 is가 있어요.
to부정사는 주어를 보충해요.
내 직업 ≈ 영어를 가르치는 것

2 동사 want가 있어요.
to부정사는 want의 목적어로 썼어요.

3 동사는 is죠?
It에 동그라미! 가주어예요~
to learn French가 진짜 주어랍니다.

1. 나의 직업은 영어를 가르치는 것이다.
2. 나는 너를 보기를 원한다.
3. 프랑스어를 배우는 것은 어렵다.

Q 원형부정사는 뭔가요? to부정사하고 다른가요?

A 부정사라는 말에 집중해 보세요.
'동사 칸'의 의무(시제와 주어 눈치를 봐야 함)를 부정하는 게 부정사라고 했어요.

to부정사는 동사원형에 to를 붙인 거고요.
원형부정사는 동사원형 그대로 쓰는 형태입니다.

이름은 어렵지만, 사실 우리 왕필수 편 1권 Unit 8에서 배웠어요.

I made him fix the door.
(나는 그에게 문을 고치게 시켰다.)

동사 칸에는 made라는 사역동사가 있죠?
목적격 보어 자리에 동사원형으로 fix가 왔어요.

사역동사는 쿨하게 동사원형을 데리고 온다고 했죠?
여기서 fix가 원형부정사입니다!

문법 용어 때문에 기죽지 맙시다!
문법 용어보다 예문하고 친숙해지는 게 더 중요해요.

소지품 조심!

우리나라는 비교적 소지품 도난이 없는 편이죠. 잠깐 카페 의자에 가방을 두고 커피를 가지고 와도 가방은 안전하게 그대로 있고요. 하지만 외국에서 한국처럼 소지품을 관리 하다가는 도난의 표적이 되기 쉽습니다. 차 안에 귀중품을 두고 내리면 창문 깨고 물건을 가져가는 경우도 많아요. 핸드폰, 소지품은 꼭꼭! 잘 챙겨야 합니다.

문장 만들기

다음 단어를 바르게 배열하여 문장을 완성하세요.

➊

play tennis
he / to
began

그는 테니스 치는 것을 시작했다.

_____

주어 He 동사 began 목적어 to play tennis
동사 칸에 began이라는 동사가 있어요. 목적어 칸에
play라는 동사를 또 쓰기 위해 to부정사를 썼어요.
목적어 칸은 '~을/를'로 해석이 됩니다.

➋

to
is
win the lottery
my hope

나의 희망은 복권에 당첨되는 것이다.

_____

주어 My hope 동사 is 주·보 to win the lottery
동사 칸에 is라는 동사가 있어요. 주격 보어 칸에 win이
라는 동사를 또 쓰기 위해 to부정사를 썼어요. 주격 보어
는 주어를 보충 설명합니다.
My hope≈to win the lottery

➌

he / me
his laptop
allowed
to use

그는 내가 그의 노트북을 쓰는 것을 허락해 줬다.

_____

주어 He 동사 allowed 목적어 me
목·보 to use his laptop
동사 칸에 allowed라는 동사가 있어요. 목적격 보어
칸에 use라는 동사를 또 쓰기 위해 to부정사를 썼어요.
목적격 보어는 목적어를 보충 설명합니다.
me≈to use his laptop

Answer 1) He began to play tennis.   2) My hope is to win the lottery.
3) He allowed me to use his laptop.

76

to부정사의 형용사적 용법

to부정사는 명사처럼 쓰기도 하지만 형용사처럼 쓰기도 합니다.

형용사

형용사 하면 뭐가 생각나나요?

명사를 꾸며 주는 게 형용사라고 했죠?
형용사 개념이 궁금하신 분들은
왕기초 편 2권, Unit 29를 읽어 보세요~

to부정사도 형용사처럼 명사를 꾸밀 수 있어요!

to부정사가 형용사처럼 쓰일 때!

단! 위치가 정해져 있습니다.
바로! 명사 뒤!

예문을 볼게요.

I have a car.
나는 차 한 대가 있어.

어떤 차?

I have a car to sell.
나는 판매할 차 한 대가 있어.

차긴 차인데, **'판매할** 차 한 대'
to sell이 명사 a car를 꾸미고 있죠?

명사를 꾸미니깐 형용사 역할!

다음 문장을 해석해 봅시다.

---

1 **I have no reason to go there.**

2 **Let's buy something to eat.**

3 **I had a chance to meet Mr. Smith.**

---

to부정사가 모두 명사 다음에 나오죠?
to부정사가 형용사 역할로 명사를 꾸미고 있어요.

1 to go there가 reason(이유)이란 명사를 꾸며요.
2 to eat이 something(무언가)을 꾸미는 구조!
3 to meet Mr. Smith가 chance(기회)를 꾸민답니다.

1. 나는 거기에 갈 이유가 없다.
2. 먹을 무언가를 사자.
3. 나는 Smith 씨를 만날 기회가 있었다.

We need a **house** to live in.

위의 문장은 왜 in으로 끝날까요?
당황하지 말고 침착하게 '집'과 '살다'의 관계를 파악하면 돼요!

집 + 살다

'집을 살다'는 말이 안 되죠? '집**에** 살다'가 말이 됩니다.
'~에' 역할의 전치사가 필요해요!

live a house (X)
live in a house (O)

집 + 살다 ⇨ 집에 살다

우리는 집 안에 사니깐
'~에'에 해당하는 전치사로 in을 쓰면 돼요.

We need a house to live in.
우리는 살 집이 필요해.

전치사가 헷갈리시는 분들은
고딸 영문법 왕기초 편 2권, Unit 46을 읽어 보세요~

괄호 안의 단어를 활용하여 빈칸에 알맞은 말을 써 보세요.

> **1** I need a chair _____. (sit)
> 나는 앉을 의자가 필요해.
>
> **2** I want a pencil _____. (write)
> 나는 쓸 연필을 원해.
>
> **3** I have some paper _____. (write)
> 나는 쓸 종이가 좀 있어.

명사와 명사를 꾸며 주는 to부정사의 관계를 파악하면 됩니다!

> **1** 의자 + 앉다
> **2** 연필 + (글을) 쓰다
> **3** 종이 + (글을) 쓰다

자 힌트 나갑니다!

1. '의자**에** 앉다' 의자 위에 앉으니깐 on (~위에)
2. '연필**로** 글을 쓰다' 연필을 가지고 글을 쓰니깐 with (~로)
3. '종이**에** 글을 쓰다' 종이 위에 글을 쓰죠? on (~위에)

 1 to sit on **2** to write with **3** to write on

다행히도 이렇게 전치사까지 챙기는 경우가 많~지는 않아요.
너무 걱정하지 마세요! 위에 나온 예문 정도만 익혀 두면 됩니다.

문장 만들기

다음 단어를 바르게 배열하여 문장을 완성하세요.

①

lots of work
has
she
to do

그녀는 할 일이 많다.

_____

많은 할 일 lots of work to do
동사 칸에는 has라는 동사가 있어요. work(일)라는 명사를 꾸미기 위해서 to부정사를 씁니다. to부정사가 명사를 꾸밀 때는 명사 뒤에 쓰이며 '~할'이라고 해석합니다.

②

some people
to help me
need
I

나는 나를 도와줄 몇 사람이 필요하다.

_____

나를 도와줄 몇 사람 some people to help me
동사 칸에는 need라는 동사가 있어요. people(사람)이라는 명사를 꾸미기 위해서 to부정사를 씁니다.

③

it's
to go home
time

집에 갈 시간이다.

_____

집에 갈 시간 time to go home
동사 칸에는 is라는 동사가 있어요. time(시간)이라는 명사를 꾸미기 위해서 to부정사를 써요.

Answer 1) She has lots of work to do.   2) I need some people to help me.
3) It's time to go home.

to부정사의 부사적 용법 ①

부사

부사 하면 뭐가 생각나나요?
부사는 문장에서 부연 설명해 주는 말이라고 했죠?
명사 말고 이것저것 다 꾸미는 게 부사랍니다!

to부정사는 이런 부사의 역할도 탐냅니다~

to부정사 나도 부사 역할 할래!

이번 Unit에서는
to부정사가 동사를 부연 설명하는 경우부터 살펴볼게요!

to부정사가 동사를 꾸밀 때는 딱 두 가지만 기억하면 됩니다!

to부정사가 부사 역할을 할 때
: 동사 부연 설명

to부정사는 동사의 이유 또는 결과를 보여 줍니다!
하나씩 살펴볼게요!

목적 ❶ : 왜?

to부정사가 동사를 꾸밀 때 아주 자주 쓰는 쓰임이에요.
예문을 보면 바로 이해가 될 거예요.

I went to England.
나는 영국에 갔어.

왜 갔어?

I went to England to visit my uncle.
내 삼촌을 방문하기 위해서 나는 영국에 갔어.

왜?

to visit my uncle(삼촌을 방문하기 위해서)

to부정사구가 영국에 간 행동의 목적을 나타내요.
'~하기 위해서'라고 해석됩니다.

또 다른 예문을 볼게요.

She studied hard to pass the test.
그녀는 열심히 공부했다 / 시험에 합격하기 위해서

to pass the test(시험에 합격하기 위해서)가
공부를 열심히 하는 목적이에요.

다음 문장을 해석해 볼까요?

I will go home to take a nap.

to부정사가 '집에 가는 이유'를 설명해 주고 있죠?

 나는 낮잠을 자기 위해서 집에 갈 거야.

이렇게 to부정사가 '~하기 위해서'로 해석될 경우에는
in order to로 바꿔 쓸 수 있어요.

> **to = in order to**
> **~하기 위해서**

I will go home to take a nap.
= I will go home in order to take a nap.

둘 다 같은 뜻이에요.
단, in order to는 주로 문어체 또는
정말 이유를 강조하고 싶을 때 써요.

일반적으로 말할 때는 to를 씁니다.

결과 ❷ : 그래서?

to부정사가 부사로 모든 문장에 '~하기 위해서'라고
해석되면 우리처럼 배우는 입장에서는 편할 텐데요.

그렇게 해석되지 않는 경우가 발생합니다!

He woke up to find his room messy.

그는 잠에서 깼어, 그의 방이
지저분하다는 것을 찾기 위해서?
해석이 이상해!!

이럴 때 당황하지 말고
to부정사를, '그래서?'에 따른 설명으로 여기면 됩니다.

그는 잠에서 깼고 그의 방이 지저분하다는 것을 발견했어.

'**(그래서, 결국) ~하다**'라는 뜻으로 해석하니 훨씬 자연스럽죠?

또 다른 예문을 볼게요.

He lived to be 100.

여기서 to부정사는 어떻게 해석해야 할까요?
'~하기 위해서'로 해석을 해 보면?

100살이 되기 위해서 살았다?

어색하죠? 살다 보니 100살이 되는 게 자연스럽죠!
to부정사를 목적으로 해석해서 말이 안 된다면,
자연스럽게 결과로 해석하면 됩니다.

'그는 살았고 100세가 되었다' = '그는 100세까지 살았다.'

하지만, 이처럼 결과로 해석되는 경우는 많지 않아요.
목적으로 해석되는 경우가 일반적이랍니다.

문장 만들기

다음 문장을 바르게 연결하고 아래에 문장을 다시 써 보세요.

❶ I went to the supermarket   •   • to watch the news.

❷ My dad turned on the TV   •   • to be a police officer.

❸ He grew up   •   • to buy some oranges.

❶   나는 오렌지를 몇 개 사기 위해서 슈퍼마켓에 갔다.

_____

동사 칸에 went라는 동사가 있어요. buy라는 동사가 to를 붙이고 슈퍼에 간 목적을 나타냅니다.

❷   나의 아빠는 뉴스를 보기 위해서 TV를 켰다.

_____

동사 칸에 turned on이라는 동사가 있어요. watch라는 동사가 to를 붙이고 TV를 켠 목적을 나타냅니다.

❸   그는 자라서 경찰관이 되었다.

_____

동사 칸에 grew up이라는 동사가 있어요. be동사가 to를 붙이고, 자라서 무엇이 되었는지 결과를 나타냅니다.

Answer 1) I went to the supermarket to buy some oranges.
          2) My dad turned on the TV to watch the news.
          3) He grew up to be a police officer.

to부정사의 부사적 용법 ②

부사는 명사만 빼고 이것저것 다 꾸민다고 했죠?
이번 Unit에서는 to부정사가 **형용사를 꾸미는 쓰임**을 살펴볼게요!

먼저 다음 두 문장을 보고 공통점을 찾아봅시다!

> 1 I am sad to hear the news.
> 2 The question is difficult to answer.

바로 to부정사가 형용사 뒤에 나와서 형용사를 꾸며 주고 있어요!

1 I am <u>sad</u> to hear the news.
나는 소식을 들어서 슬프다.

2 The question is <u>difficult</u> to answer.
그 질문은 대답하기에 어렵다.

1번, 2번 모두 형용사(sad, difficult) 다음에 to부정사가 보이죠?

형용사를 꾸미는 것은 바로 부사예요!

to부정사가 부사 역할을 할 때 : 형용사 부연 설명

왜(감정)? 어떤 면에서?

❶ 왜?

감정을 나타내는 형용사 다음에 to를 쓰면
그런 감정을 느끼는 이유에 대해서 설명을 합니다.

I am sad to hear the news.
나는 그 소식을 들어서 슬퍼.

to부정사구 to hear the news는
sad(슬픈)란 형용사의 이유를 설명해 주고 있어요.
'**~해서**'라고 해석돼요.

90

❷ 어떤 면에서?

감정 형용사가 아닌 형용사가 나온 다음 to부정사를 쓰면요~
어떤 면에서 그렇게 생각하는지에 대한 이유를 나타냅니다.

설명이 더 어렵죠? 예문을 볼게요.

This bread is easy to make.
이 빵은 만들기에 쉬워.

to make가 easy란 형용사를 꾸미면서,
부연 설명을 해 주고 있어요!

어떤 면에서 그렇게 생각해?

'~하기에'라는 뜻으로
문장을 보고 자연스럽게 해석할 수 있으면 됩니다!

지금까지 공부한
to부정사의 부사 역할을 정리해 볼게요.

to부정사의
부사적 용법이란?

문장 + to부정사
'목적' ~하기 위해서 / '결과' ~하다

감정 형용사 + to부정사
'이유' ~해서

형용사 + to부정사
'어떤 측면' ~하기에

외우지 마세요.
여러분의 감을 믿고 자연스럽게 해석하면 됩니다!!

부사적 용법의 쓰임!

물 흐르듯 자연스럽게~

일반적으로 문장 뒤에 to부정사를 쓰면
왜 그러한 행동을 했는지 **'목적'**을 궁금해하면 되고요!

'목적'으로 해석해서 어색하면
'결과'로 해석하면 됩니다!

또 감정을 나타내는 형용사 뒤에서는
그런 감정을 느낀 **'이유'**를

일반 형용사 뒤에는
'어떤 면에서 그렇게 생각했는지'를
궁금해하면 됩니다~

용법 구분에 스트레스 받으시는 분은
101쪽을 참조하세요.

to부정사는 능력자!
할 수 있는 역할도
많구나ㅠ

명사 (주, 목, 보 : ~하는 것, ~하기)
형용사 (~할)
부사 (~하기 위해, ~하다, ~해서, ~하기에)

Quiz

다음 문장의 우리말 해석을 써 보세요.

1 I'm happy to see the snow.
_____

2 The book is easy to read.
_____

3 He was pleased to get a gift.
_____

1 '나는 행복해.' 감정을 나타내는 형용사 happy(행복한)가 나왔어요. to부정사는 감정을 느끼는 이유를 나타냅니다. 여기서 to부정사의 뜻은 '～해서'입니다.

2 '그 책은 쉬워.'라는 문장 다음에 to부정사는 어떤 면에서 책이 쉬운지 부가 설명을 하고 있어요. 여기서 to부정사 뜻은 '～하기에'입니다.

3 '그는 기뻤어.' 감정을 나타내는 형용사 pleased(기쁜) 다음에 온 to부정사는 그렇게 생각한 이유를 설명합니다.

Answer 1) 나는 눈을 봐서 행복해. 2) 그 책은 읽기에 쉬워. 3) 그는 선물을 받아서 기뻤어.

94

문장 만들기

다음 단어를 바르게 배열하여 문장을 완성하세요.

was
glad
I
to hear
from you

너한테 소식 들어서 기뻤어.

_____

동사 칸에 was라는 동사가 있어요. 동사 hear(듣다)가 glad(기쁜)라는 형용사를 꾸미기 위해 to부정사를 썼어요.
감정을 나타내는 형용사 다음에 오는 to부정사는 감정의 이유를 나타내며 '~해서'라고 해석합니다.

is
to repair
expensive
the sports car

스포츠카는 수리하기에 비싸다.

_____

동사 칸에 is라는 동사가 있어요. 동사 repair(수리하다)가 expensive(비싼)라는 형용사를 꾸미기 위해 to부정사를 썼어요.
형용사 뒤에 쓰는 to부정사는 어떤 면에서 그렇게 생각했는지를 나타내며 '~하기에'라고 해석합니다.

I
to talk with you
was
pleased

나는 너와 이야기해서 기뻤어.

_____

동사 칸에 was라는 동사가 있어요. 동사 talk(이야기하다)가 pleased(기쁜)라는 형용사를 꾸미기 위해 to부정사를 썼어요.
감정을 나타내는 형용사 다음에 오는 to부정사는 감정의 이유를 나타내며 '~해서'라고 해석합니다.

Answer 1) I was glad to hear from you. 2) The sports car is expensive to repair.
3) I was pleased to talk with you.

Unit 35 · to부정사 Q&A

이번 Unit에는 to부정사에 대해 궁금해하시는 것들을 정리했어요!

질문1 전치사 to와 to부정사의 구분법은?

전치사 to 다음에는 **명사**가 나오고요.
to부정사의 to 뒤에는 **동사원형**이 나옵니다.

다음 중에서 to부정사가 있는 문장은 무엇일까요?

> 1 I went to school.
> 2 I want to watch this movie.

1 나는 학교에 갔다.

school은 명사죠?
전치사 to는 '~에, ~로' 방향을 나타내는 전치사입니다.

2 나는 이 영화 보기를 원한다.
to 다음에 동사원형이 나왔으니 to부정사랍니다.
동사 칸에 want라는 동사가 있고,
watch라는 동사를 또 쓰기 위해 to부정사를 썼어요.

 2

질문2 to부정사를 부정하는 법?

to부정사가 여러 역할을 하지만, 부정문을 만드는 법은 동일해요!

바로 to 앞에 not만 붙이면 끝!

예문을 함께 볼게요.
주어 I와 동사 tried(노력했다)로 시작되는 문장이에요.
문장을 완성해 보세요.

(cry / not / to)
나는 울지 않으려고 노력했다.
I tried _____.

tried라는 동사가 이미 있는데
cry라는 동사를 또 쓰니깐 to부정사로 만들어야죠?
'~하지 않기를' to부정사의 부정문은 not을 붙여 써 줍니다.

not to cry

질문3 의문사와 to부정사가 같이?

to부정사와 의문사가 같이 쓰이는 경우를 발견했어요.

I don't know what <u>to do</u>.

to 앞에 왜 what이 왔지?
당황할 필요 없어요.
의문사의 뜻을 가지고 자연스럽게 해석하면 돼요.

what이 '무엇'이란 뜻이니까

'나는 무엇을 할지 모른다.'

다른 의문사도 적용 가능해요.

I don't know _____.

what to go 무엇을 할지
where to go 어디에 갈지
when to go 언제 갈지
how to go 어떻게 갈지

주의할 점!

why to go (X)라고는 쓰지 않아요!

why는 이유를 물어보는 의문사니까요.
어떤 행동의 이유는 단순하지가 않아요.
'동사' 하나로 설명되지 않거든요.

그래서 why 다음에는 분명하게
'주어+동사'를 데리고 쓰는 경우가 많습니다.

예문 적용!

그는 어떻게 쿠키를 만드는지 배웠다.
He learned _____ ___ make cookies.

동사 칸에 learned라는 동사가 있어요.
'어떻게 만드는지를'
의문사 'how+to부정사'를 쓰면 됩니다.

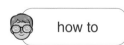

how to

질문4 too ~ to는 무슨 뜻?

It's too late to drink coffee.

to drink coffee 부사구가
late(늦은)라는 형용사를 꾸미고 있어요.

그런데 late 앞에 too가 있죠'?
too는 '너무'라는 뜻이에요.

'커피 마시기에 너무 늦었다.'

'~하기에 너무 ~하다'

그럼 커피를 마시겠다는 뜻일까요, 안 마시겠다는 뜻일까요?

안 마시겠다는 거겠죠.
too를 써서 부정의 의미를 나타내는 거예요.

It's too cold to go outside.

밖에 나가기에 너무 춥다 = 너무 추워서 못 나간다.

Q I need a teacher to help me.

여기서 to부정사는 '~할'도 되고 '~하기 위해서'로도 해석되는 거 같아요ㅠㅠ '~할'로 되면 형용사 용법, '~하기 위해서'로 해석되면 부사적 용법이잖아요. 뭐가 맞는지 모르겠어요.

A 그럴 땐 to부정사구를 먼저 '~하기 위해서'라고 해석을 해 보세요.

'나를 돕기 위해서' '~위해서'라고 목적을 말했는데, 남은 문장이 아무런 행동이 없고 말만하면 형용사적 용법이라고 생각하면 되고요. 남은 문장이 목적을 달성하기 위해 행동을 하면 '~위하여'와 잘 어울리니 부사적 용법입니다. 예문에서 to부정사구 빼고 남은 문장을 볼까요?

'나는 선생님이 필요하다' 특별한 행동을 하는 게 아니라 선생님이 필요하다고 말만 하고 있죠. 형용사 용법으로 '나는 나를 도울 선생님이 필요하다'라고 해석하는 게 자연스럽습니다.

Q 형용사 뒤에 to부정사가 나오면, 형용사를 꾸미는 건 부사니깐 무조건 부사적 용법 아닌가요?

A 아니요. 가주어 진주어도 따져 봐야 합니다.

It was easy to paint the chair. (의자를 페인트 칠하는 것은 쉬웠다.) 주어를 확인해 보세요. It이라는 가주어가 있고 to부정사구는 진주어가 되니 명사적 용법입니다.

This question is easy to answer. (그 질문은 답하기에 쉽다.)

이 문장은 가주어가 아니죠? to answer는 형용사 easy 뒤에서 수식하는 부사적 용법입니다.

Q to부정사의 명사적 용법과 부사적 용법이 헷갈려요~

A 동사 칸의 동사가 want '~을 원하다' need '~을 필요로 하다' decide '~을 결심하다' expect '~을 기대하다' 등과 같이 목적어를 필요로 하면 to부정사는 목적어 자리에 쓴 명사적 용법이 됩니다.

I want to meet you. (나는 너를 만나기를 원한다.) '너를 만나기를' 목적어로 해석되죠? to부정사구를 없애면 '목적어'가 빠진 불완전한 문장이 돼요.

반면에, to부정사가 부사적 용법으로 쓰였으면 to부정사구를 없애도 완전한 문장이에요. '부사'는 늘 수식어이니깐요.

She came here to meet you. (그녀는 너를 만나기 위해서 여기에 왔다.)

to meet you를 없애도 She came here. 완전한 문장이죠?

문장 만들기

다음 단어를 바르게 배열하여 문장을 완성하세요.

①

I
read Chinese
don't know
how to

나는 중국어를 어떻게 읽는지 모른다.

_____

동사 칸에 **don't know**라는 동사가 왔고, 목적어 칸
에 동사 **read**를 또 쓰기 위해서 **to**부정사를 썼어요.
의문사 **how** 다음에 **to**부정사를 쓰면 '어떻게 ~해야
할지'로 해석이 됩니다.

②

is
go to school
too sick
to / He

그는 학교에 가기에 너무 아프다.

_____

동사 칸에 **is**라는 동사를 썼고, 동사 **go**가 **sick**(아픈)
이라는 형용사를 꾸미기 위해 **to**부정사를 썼어요.
go to school에서 **to**는 명사 **school**과 함께 쓰는
전치사입니다.

③

I / not / to
decided
use paper cups

나는 종이컵을 쓰지 않기로 결심했다.

_____

동사 칸에 **decided**라는 동사가 있고, 목적어 칸에
use를 쓰기 위해서 **to**부정사를 썼어요.
to부정사의 부정은 **not to**입니다.

 1) I don't know how to read Chinese.   2) He is too sick to go to school.
3) I decided not to use paper cups.

to부정사 TEST

A 다음 중 어법상 알맞은 말을 골라 동그라미 하세요.

---

1 I want (read / to read) this book.
2 I am happy (see / to see) you.
3 She (went / to go) to the supermarket.
4 My dream is (be / to be) a nurse.
5 I need something (eat / to eat).

---

1 나는 이 책 읽기를 원한다.
동사 칸에 want라는 동사가 있고, 다른 곳에 동사 read를 쓰는 것이니 to를
붙이고 와야 해요. 여기서 to부정사구는 목적어 칸에 써서 '이 책 읽기를'이라고
해석됩니다.

2 나는 너를 만나서 행복해.
동사 칸에 am이라는 be동사가 있어요. 그런데 동사 see도 또 오고 싶으니까
to를 달고 왔어요. 여기서 to부정사는 형용사 happy를 꾸미는 부사적 용법으
로 썼답니다.

3 그녀는 슈퍼마켓에 갔다.
동사 칸에 들어갈 동사를 골라야겠죠? 동사 칸에는 to부정사가 들어갈 수 없어요!

4 나의 꿈은 간호사가 되는 것이다.
동사 칸에 be동사 is가 있어요. be동사를 또 쓰고 싶으니 to를 붙이고 써야 해
요. 여기서 to부정사는 주격 보어로 썼어요. My dream ≈ to be a nurse

5 나는 먹을 무언가가 필요하다.
동사 칸에 동사 need가 있죠. eat이라는 동사를 또 쓰고 싶으니 to부정사로
썼어요. 이 문장에서 to부정사는 something이라는 명사를 꾸미는 형용사적
용법으로 썼어요.

Answer 1) to read   2) to see   3) went   4) to be   5) to eat

B 다음 우리말과 일치하도록 단어를 바르게 배열하세요.

---

1 아침에 일찍 일어나는 것은 좋다. (get up early / to / good)
It is _____ .

2 나는 수영하는 것을 좋아한다. (to / swim / like)
I _____ .

3 나한테 마실 것을 주세요. (drink / something / to)
Please give me _____ .

4 그는 차를 사기 위해 돈을 모았다. (to / buy / saved / money / a car)
He _____ .

5 아침 먹을 시간이야. (time / have / breakfast / to)
It is _____ .

---

1 It은 가짜 주어, to부정사구가 진주어인 문장입니다.

2 동사 칸에 있는 동사 like의 목적어로 to부정사를 썼습니다.

3 something(어떤 것)이라는 명사를 꾸미기 위해 to부정사를 썼어요.

4 '그는 돈을 모았다.' 돈을 모은 목적을 나타내기 위해 to부정사를 썼어요.

5 time(시간)이라는 명사를 꾸미기 위해 to부정사를 썼어요.

Answer 1) good to get up early   2) like to swim   3) something to drink
4) saved money to buy a car 5) time to have breakfast

C 다음 밑줄 친 부분을 바르게 고치세요.

---

1 She <u>need</u> to buy a pen now.   _____

2 I decided <u>to not</u> play the computer games.   _____

3 He warned me to <u>turns</u> off the cell phone.   _____

4 I have nothing <u>wear</u>.   _____

5 She asked me <u>change</u> the curtain.   _____

---

1 그녀는 지금 펜을 살 필요가 있다.
need는 동사 칸에 들어간 동사입니다. 시제와 주어의 눈치를 봐야 해요.
now(지금)라는 말이 있기에 현재 시제라는 것을 알 수 있고요. 주어 She가
3인칭 단수이니 need에 s를 붙여야 합니다.

2 나는 컴퓨터 게임을 하지 않겠다고 결심했다.
to부정사 부정은 어떻게 만든다고 했죠? 낫투! 순서를 바꿔야 해요.

3 그는 나에게 핸드폰을 끌 것을 경고했다.
to부정사 다음에는 동사원형을 써야 해요.

4 나는 입을 게 아무것도 없다.
동사 칸에 동사는 have가 있어요. 동사 wear(입다)가 nothing(아무 것도 없
는 것)이라는 명사를 수식하려면 to를 붙이고 써야 합니다.

5 그녀는 나에게 커튼을 바꿔 달라고 요청했다.
동사 칸에는 asked가 있어요. 동사를 또 쓰고 싶을 때는 to를 붙이고 온다고
했죠? 목적격 보어 자리에 to부정사!

Answer   1) needs   2) not to   3) turn   3) to wear   5) to change

D 다음 〈보기〉에서 알맞은 말을 골라 문장을 완성하세요.

〈 보기 〉

where	when	what	to	too	it

---

1 Please tell me _____ to go.
어디로 가야 할지 알려주세요.

2 I don't have time _____ talk to you right now.
나는 지금 당장 너와 이야기할 시간이 없다.

3 This milk is _____ old to drink.
이 우유는 마시기에 너무 오래되었다.

4 _____ is important to exercise regularly.
규칙적으로 운동하는 것은 중요하다.

5 I don't know _____ to buy for Jenny.
나는 Jenny를 위해 무엇을 사야 할지 모르겠다.

---

1 동사 칸의 동사는 tell이에요. 'where + to부정사'는 '어디로 ～할지'로 해석됩니다.

2 동사 칸의 동사는 don't have예요. time이라는 명사를 꾸미기 위해 to부정사를 써요.

3 too ～ to부정사: '～하기에 너무 ～하다' 너무 오래되어서 못 마신다는 뜻으로 부정의 의미를 가지고 있어요.

4 to exercise regularly(규칙적으로 운동하기)가 진짜 주어입니다. 가주어 It이 빠져 있어요.

5 동사 칸의 동사는 don't know예요. 'what + to부정사'는 '무엇을 ～할지'로 해석됩니다.

Answer   1) where   2) to   3) too   4) It   5) what

E 다음 중 밑줄 친 부분이 '~하기 위해서'로 해석되는 문장을 고르세요.

---

1 I'm sorry to hear that news.
2 I want to drink ice water.
3 I went to the library to borrow some books.
4 This place is too small to live in.
5 She refused to rent her house.

---

1 그 소식을 들어서 유감이다.
to부정사는 감정을 나타내는 형용사 sorry 다음에 위치하며 감정의 원인에 대해 설명하고 있어요. '~해서'라고 해석됩니다.

2 나는 얼음물 마시기를 원한다.
want는 목적어와 함께 쓰는 동사예요. 목적어 칸에 to부정사가 들어가서 '~하기를'로 해석이 됩니다.

3 나는 책을 빌리기 위해 도서관에 갔다.
도서관에 가는 의도적인 행동에 대한 목적을 to부정사로 설명하고 있어요.

4 이 장소는 살기에 너무 작다.
to부정사는 형용사 small 뒤에 위치하며, 어떠한 측면에서 그러한지 설명하고 있어요. '~하기에'라고 해석이 됩니다. 'too ~ to부정사: ~하기에 너무 ~하다'

5 그녀는 그녀의 집 세 놓는 것을 거절했다.
refuse는 목적어와 함께 쓰는 타동사입니다. 목적어 칸에 to부정사가 들어가서 '~하기를'로 해석이 됩니다.

Answer 3

Par

동명사

Unit 37-44

Unit 37 동명사 개념을 잡아라!

이제 동명사를 배워 볼까요?
동명사는요~ 하는 일이 딱 하나예요!

동사가 명사인 척하는 것!

동사가 동사 칸에 타지 않고 명사인 척하면서
주어, 보어, 목적어 역할을 하는 것이 동명사입니다!

뭔가 to부정사와 비슷하네?

네! 동명사, to부정사 둘 다 동사 칸에 타지 않아요.

단! to부정사는 명사, 형용사, 부사 역할을 모두 할 수 있지만,
동명사는 딱 명사 역할만 해요.

to부정사 : 명사, 형용사, 부사 역할
동명사 : 명사 역할

동명사가 to부정사보다 훨씬 간단하죠?

그럼, 동명사의 형태는 뭘까요?

동명사 형태
동사원형 ing

동사원형에 ing만 붙이면 됩니다.
다음 동사를 동명사로 만들어 볼까요?

walk ⇨ _____
걷다   걷기

read ⇨ _____
읽다   읽기

ing만 붙이면 '걷다'가 '걷기'로
'읽다'가 '읽기'로 변합니다.
동명사는 '~하는 것, ~하기'로 해석할 수 있어요.

 walking, reading

동명사의 뜻 : ~하는 것, ~하기

명사 역할은 주목보만 기억하면 되죠?

동명사가 어떻게
주어, 목적어, 보어의 자리에 쓰이는지!
예문을 함께 볼게요.

> **주어**
>
>
>
> 수영하는 것은 너의 건강에 좋다. (swim)
> _____ **is good for your health.**

'수영하는 것은' 주어의 자리가 비어 있어요.

동명사가 주어일 때는 단수 취급합니다.
그래서 be동사는 is.

Swimming

112

목적어

나는 축구하는 것을 좋아한다. (play)

I like _____ soccer.

이번에는 '~하는 것을'이란 목적어 자리가 비어 있어요.
playing soccer가 모두 목적어 칸에 들어가겠죠?

soccer는 playing에 따라오는 명사이니
playing soccer를 통째로 **동명사구**라고 합니다.

 playing

주·보

나의 취미는 노래 부르기이다. (sing)

My hobby is _____.

나의 취미 ≈ 노래 부르기
주격 보어의 자리가 비어 있죠?

 singing

조금 익숙해지셨나요?

to부정사, 동명사 둘 다 명사 역할을 하니
바꿔서 쓸 때도 있어요.

나는 요리하는 것을 좋아한다. (cook)

I love to cook. = I love _____.

'요리하는 것을' 목적어 칸에
to부정사로 to cook을 써도 되고, cooking을 써도 됩니다.

 cooking

모두 같은 뜻이 되도록 빈칸을 완성해 볼까요?

잘 자는 것은 중요하다.

To sleep well is important.
= It is important to sleep well.
= _____ well is important.

첫 번째 문장은 to부정사를 주어의 자리에 썼고요.
두 번째 문장은 가주어로 It을 쓰고 뒤에 진주어로 to부정사를 썼어요.
세 번째 문장은 동명사를 주어로 쓰면 되겠죠?

Sleeping

세 문장 모두 문법적으로 맞지만,
일반적으로 주어 자리에는 to부정사보다
동명사를 훨씬 자주 쓴답니다.
(to부정사는 역할이 너무 많으니, 주어 자리에 있으면 헷갈리기 쉽겠죠?)

자, 그럼 이제 의문점이 생깁니다.

to부정사가 명사 역할까지
다 하는데 왜 동명사가
있어야 하나요?

to부정사와 동명사의 명사 역할이 100% 같지는 않아요.
완전 똑같으면 동명사가 필요 없겠죠?
다음 Unit에서 차이점을 분석해 볼게요.

Q 현재분사하고 동명사의 차이점은 뭔가요?

A 둘 다 동사에 ing를 붙이기 때문에 형태는 같아요.
단, 쓰임이 다르답니다.

동명사는 동사가 **명사**인 척하는 거고요.
현재분사는 동사가 **형용사**인 척하는 거예요.

동명사: talking (말하는 것)
현재분사: talking (말하고 있는)

동명사, 현재분사, 과거분사의 차이점은 분사를 다룰 때 배울 거예요.

동명사도 ing,
현재분사도 ing
똑같잖아!!

털썩

같은듯 **달라!**

나이 제한이 달라요~

우리나라는 만 18세부터 운전면허를 따지만, 미국은 주마다
다르기는 해도 대부분 16세부터 가능해요. 고등학생 때부터
운전할 수 있는 거죠. 반면에, 우리나라는 만으로 19살이면
주점에서 술을 마실 수 있지만, 미국에서는 21세가 되어야 합
법적으로 갈 수 있어요. 또 우리는 보통 결혼 전까지 부모님과
함께 살지만, 영어권에서는 20대가 되면 부모님의 집을 나와
서 독립하는 게 일반적이에요.

문장 만들기

다음 단어를 바르게 배열하여 문장을 완성하세요.

①

don't / like / I
cooking

나는 요리하는 것을 좋아하지 않는다.

_____

주어 I 동사 don't like 목적어 cooking
동사 칸에 don't like라는 동사가 있어요.
목적어 칸에 동사를 쓰고 싶으니 동명사로 써요.

②

is
interesting
playing golf

골프 치는 것은 흥미롭다.

_____

주어 Playing golf 동사 is 주·보 interesting
동사 칸에는 is라는 동사가 있어요.
주어 칸에 동사를 쓰고 싶으니 동명사로 써요.

③

baking cookies
is
my hobby

나의 취미는 쿠키를 굽는 것이다.

_____

주어 My hobby 동사 is
주·보 baking cookies
동사 칸에는 is라는 동사가 있어요.
주격 보어 칸에 동사를 또 쓰고 싶으니 동명사로 써요.

Answer 1) I don't like cooking.   2) Playing golf is interesting.
3) My hobby is baking cookies.

to부정사를 목적어로 취하는 동사

to부정사와 동명사를 구별해서 태우는
대표적인 문장 열차를 공개할게요. 짜잔~

~을/를

주어 동사 목적어

바로 주어, 동사, 목적어로 된 3형식 문장이죠.
목적어 칸에 동사를 태우고 싶어요.

'~하는 것을'
'~하기를'

동사 칸이 아닌 곳에 동사가 타니
to부정사나 동명사로 바뀌어 들어가야겠죠?

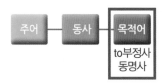

주어 — 동사 — 목적어
to부정사
동명사

이때 무엇을 쓸 건지
동사 칸에 있는 동사한테 물어봐야 합니다!

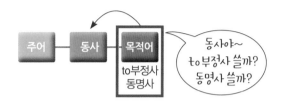

동사 칸에 있는 동사의 답은요?

4가지나 됩니다.

동사의 대답

1 to부정사만 와!
2 동명사만 와~
3 둘 중 조건에 맞는 것!
4 둘 중 아무나 와도 상관없어~

이번 Unit에서는
1번 'to부정사만 와'에 해당하는 동사들을 살펴볼게요.

1. to부정사만 좋아하는 동사 그룹

우리는 to부정사만 좋아해!

이 동사들은 목적어 칸에 to부정사를 데리고 오기 때문에
〈to부정사를 목적어로 취하는 동사〉라고 불립니다.
리스트를 공개합니다!

wish (소망하다) hope (희망하다)
want (원하다) promise (약속하다)
decide (결심하다) expect (기대하다)　　**+ to부정사**
afford (~할 여유가 있다) plan (계획하다)
agree (동의하다) pretend (~한 척하다)
fail (실패하다) refuse (거절하다) 등

이 동사들은 to부정사만 원합니다!

이게 다 뭔가~ 읽어 보기도 힘들 정도로 많죠?
갑자기 영어가 싫어지고ㅠ

무조건 외우지 마시고, 느낌부터 살펴볼게요.

어떤 느낌?

to부정사
(불확실한) 미래

to부정사가 목적어 칸에 올 때는요,
아직 발생하지 않은 불확실한 미래 느낌이에요.

이 말이 더 어렵죠? 예문을 보면 이해가 되실 거예요.

여기 새 차에 꽂힌 한 남자가 있습니다.
꿈에서도 그 차가 생각납니다.

아침에 일어나자마자 자기도 모르게 말합니다.

나는 새 차를 사고 싶어.
I want to buy a new car.

자, 그럼 질문 나갑니다.

이 남자는 지금 새 차를 샀나요?
아니요!

원하는 것은 지금이지만!
'to buy a new car'(새 차를 사는 것)은 아직 발생하지 않았어요.
나중에 일어날 수도 그렇지도 않을 수도 있는 일이니깐
불확실한 미래죠.

to부정사는 이렇게 미래의 느낌을 가지고 있기 때문에
동사 칸에 '꿈꾸는 동사'가 오는 문장들은 to부정사를 좋아합니다.

꿈꾸는 동사 + to부정사
희망, 계획, 결심, 기대   미래

앞에서 배운 동사 리스트를 문장에 적용해 볼게요.

1~12번을 죽 읽어 보면서, 실제로 차를 산 문장이 있는지 확인해 보세요.

1 I wish to buy a new car.
나는 새 차 사기를 소망한다.

1~9번까지 모두
미래의 일을 약속하고,
원하고, 희망하고,
동의하고 꿈꾸고 있어요.

2 I hope to buy a new car.
나는 새 차 사기를 희망한다.

3 I want to buy a new car.
나는 새 차 사기를 원한다.

4 I promise to buy a new car.
나는 새 차 사기로 약속한다.

5 I've decided to buy a new car.
나는 새 차 사기로 결심했다.

6 I expect to buy a new car this week.
나는 이번 주에 새 차 사기를 기대한다.

7 I can afford to buy a new car.
나는 새 차 살 여유가 있다.

8 I plan to buy a new car.
나는 새 차를 살 계획이다.

9 I agree to buy a new car.
나는 새 차 사는 것에 동의한다.

10 He is pretending to buy a new car.
그는 새 차를 사는 척하고 있다.

사는 척만 했지 실제로
일어난 일은 아니에요.

11 I failed to buy a new car.
나는 새 차 사는 것에 실패했다.

미래 계획에 실패했어요.

12 I refuse to buy a new car.
나는 새 차 사기를 거부한다.

미래 계획을 거부했어요.

'차를 샀다'고 말하는 문장은 아무것도 없죠.

모두 마음만 먹거나 원하기만 하는 문장들이에요.

입이 기억하도록 문장을 따라 읽어 보세요.

문장 만들기

다음 단어를 바르게 배열하여 문장을 완성하세요.

❶

I / to
drink tea / want

나는 차를 마시고 싶다.

_____

주어 I 동사 want 목적어 to drink tea
꿈꾸는 동사 want는 미래 느낌을 가지는 to부정사와
잘 어울려요. '차를 마시는 것'을 원하는 것이지, 아직
마신 건 아니죠.

❷

decided
to
She
get a new job

그녀는 새로운 직장을 구하기로 결심했다.

_____

주어 She 동사 decided
목적어 to get a new job
꿈꾸는 동사 decided는 미래 느낌을 가지는 to부정
사와 잘 어울립니다. '새 직장을 구하기'로 결심했을 뿐,
아직 구한 건 아니에요.

❸

plan
to
stay at home
I

나는 집에 머무를 계획이다.

_____

주어 I 동사 plan 목적어 to stay at home
꿈꾸는 동사 plan은 미래 느낌을 가지는 to부정사와
잘 어울리죠? '집에 머무르기'는 계획이지, 아직 실행한
건 아니에요.

Answer 1) I want to drink tea.   2) She decided to get a new job.
3) I plan to stay at home.

126

Unit 39 동명사를 목적어로 취하는 동사

이번 Unit에서는 '동명사'를 좋아하는 동사들을 소개할게요.

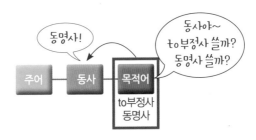

목적어 자리에 동명사를 허용하는 거니깐
〈동명사를 목적어로 취하는 동사〉라고 부릅니다!

2. 동명사만 좋아하는 동사 그룹

우리는 동명사만 좋아해!

동명사만 좋아하는 동사 리스트!!

enjoy (즐기다) keep (계속하다)
practice (연습하다) finish (끝내다)
give up (포기하다) delay (미루다)   + 동명사
postpone (연기하다) mind (꺼리다)
avoid (피하다) deny (부정하다) 등

이번에도 많죠 ㅠㅠ
목적어 칸에 타는 동명사의 느낌을 알면 조금 도움이 됩니다.

to부정사가 '(불확실한) 미래'의 느낌이라면,
동명사는 '경험'의 느낌이에요.

to부정사   동명사
(불확실한) **미래** vs **경험**

예를 들어 볼게요.

I finished washing the dishes.
나는 설거지하는 것을 끝냈어.

설거지를 했고, 그것을 끝마친 거죠?
하고 있던 일을 끝냈다는 의미로
finished 다음에 동명사를 썼어요.

또 예를 볼게요.

My dad gave up drinking.
아빠는 술(마시는 것)을 끊으셨어.

아빠는 술을 마시는 경험을 했고, 그것을 그만둔 거죠?
그래서 gave up(포기했다) 다음에 동명사를 썼어요.

다른 문장도 볼까요?

She kept singing.
그녀는 계속 노래를 불렀다.

노래를 부르는 경험을 하고 있고, 그것을 계속하는 거죠?
kept(계속했다) 다음에 동명사를 썼어요.

물론 to부정사의 '미래'와 동명사의 '경험' 느낌이
절대적 규칙으로 모든 문장에 적용되는 것은 아니에요.
어디까지나 to부정사, 동명사의 기본적인 느낌이랍니다.

그래도 무조건 외우는 것보다
이 느낌을 살려서 예문을 보다 보면, 금방 익숙해질 수 있어요.

실제로 경험했거나 경험할 일을

즐기고, 계속하고, 연습하고, 끝내고, 포기하고,
미루고, 연기하고, 꺼리고, 피하고, 부정하는 여러 동사들이
동명사와 함께 쓰인다면 기억하기 쉽겠죠?

앞에서 배운 동사 리스트를 문장에 적용해 봅시다!

1 I enjoy playing the piano. 피아노 치는 경험을 즐기죠.
   나는 피아노 치는 것을 즐겼다.

2 I kept playing the piano. 피아노 치는 경험을 계속했어요.
   나는 계속 피아노를 쳤다.

3 I practice playing the piano. 피아노 치는 경험을 연습하죠.
   나는 피아노 치는 것을 연습한다.

4 I finished playing the piano. 피아노 치는 경험을 끝냈죠.
   나는 피아노 치는 것을 끝냈다.

5 I gave up playing the piano. 피아노 치는 경험을 그만뒀어요.
   나는 피아노 치는 것을 그만뒀다.

6 I delayed playing the piano.
   나는 피아노 치는 것을 미뤘다.   피아노 치는 경험을
                                            해야하는데 미뤘어요.
7 I postponed playing the piano.
   나는 피아노 치는 것을 연기했다.

8 I mind playing the piano. 피아노 치는 상황을 경험하기를 꺼려요.
   나는 피아노 치는 것을 꺼린다.

9 I avoided playing the piano. 피아노 치는 경험을 피해요.
   나는 피아노 치는 것을 피했다.

10 I denied playing the piano. 피아노를 친 경험을 안 했다고 부인해요.
   나는 피아노 친 것을 부인했다.

Quiz

다음 중 알맞은 말을 고르세요.

I wanted (to be / being) a pilot.
나는 비행기 조종사가 되고 싶었어.

동사 자리에 want라는 동사가 있고, 또 동사나 be동사를 쓰고 싶을 때는 want한테 물어본다고 했죠?

want는 원하는 거니깐 '미래' 느낌인 to부정사와 잘 어울려요.

Answer to be

문장 만들기

다음 단어를 바르게 배열하여 문장을 완성하세요.

❶

kept
he
laughing

그는 계속 웃었다.

_____

주어 He 동사 kept 목적어 laughing
동사 keep은 동명사를 좋아합니다.
웃고 있는 경험을 했고, 그걸 계속하는 거죠.

---

❷

I
emptying
don't mind
the bin

나는 쓰레기통 비우는 것을 꺼리지 않는다.

_____

주어 I 동사 don't mind 목적어 emptying
동사 mind는 동명사를 좋아합니다. 쓰레기통을 비우
고 있는 '경험'을 하는 것을 꺼리지 않는다고 말하고 있
어요.

---

❸

he
doing
his homework
finished

그는 숙제하는 것을 끝마쳤다.

_____

주어 He 동사 finished
목적어 doing his homework
동사 finished는 동명사를 좋아합니다. 숙제를 하는
경험을 하고, 그것을 끝마쳤어요.

Answer　1) He kept laughing.　　　2) I don't mind emptying the bin.
　　　3) He finished doing his homework.

Unit 40 · to부정사와 동명사를 조건에 맞게 목적어로 취하는 동사

이번에는 세 번째 그룹이에요.
to부정사와 동명사를 모두 허용하지만,
조건을 붙이는 동사 그룹!

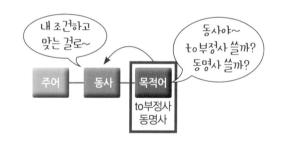

이 느낌을 이해하고 있으면 '조건'을 쉽게 구별할 수 있어요~

3. 조건에 맞게 선택하는 동사 그룹

어떤 조건일지 궁금하죠?

to부정사 · 동명사
미래 vs 경험

동사가 미래의 일을 표현하고 싶으면 to부정사를 원하고요.
동사가 경험한 일을 말하고 싶으면 동명사를 원합니다!

그 뜻이 이렇게 달라요~

to부정사	동명사
remember to ~할 것을 기억하다	remember ~ing ~한 것을 기억하다
forget to ~할 것을 잊다	forget ~ing ~한 것을 잊다
try to ~할 것을 노력하다	try ~ing ~를(한번) 해 보다
stop to ~하기 위해 멈추다 (부사적 용법)	stop ~ing ~하는 것을 멈추다

다행스럽게도 앞에서 배웠던 동사에 비해 많지 않죠?
하나씩 살펴볼게요.

❶ remember(기억하다)

remember + to부정사 : ~할 것을 기억하다
remember + 동명사 : ~했던 것을 기억하다

remember ~to라고 하면!
to부정사는 미래의 느낌이니깐, 아직 안 한 일!
즉 '~할 것을 기억하다'가 되고요~

remember ~ing라고 하면
동명사는 경험의 느낌이니까, 이미 한 일!
즉 '~했던 것을 기억하다'라는 뜻이 됩니다.

일반적으로 remember to를 훨씬 자주 써요.

문제를 풀어 볼게요.

Remember
(to meet / meeting) him tomorrow.
내일 그를 만날 것을 기억해.

그를 만났나요? 안 만났나요?
내일 만나니깐 아직 안 만났죠?
그래서 미래 느낌인 to랑 같이 썼답니다.

remember to '~할 것을 기억하다'

 to meet

I remember
(to meet / meeting) him before.
나는 그를 전에 만났던 걸 기억하고 있어.

힌트! '그를 전에 만났다'
경험을 기억하고 있는 거죠?

remember ~ing '~했던 것을 기억하다'가 정답입니다.

 meeting

❷ forget(잊다)

forget + to부정사 : ~할 것을 잊다
forget + 동명사 : ~했던 것을 잊다

forget 다음에 to를 쓰면,
미래에 해야 할 일을 잊은 거고요~
forget 다음에 ing를 쓰면,
경험한 일을 잊은 거예요.

일반적으로 forget to를 많이 씁니다.

예문을 볼게요~

I forgot (to bring / bringing) my phone.

나는 핸드폰 가져오는 것을 깜빡했어.

아침에 급하게 나와서 버스를 탔는데, 뭔가 허전해요.
헉, 이럴 수가! 핸드폰을 안 가지고 왔어요.

힌트!
핸드폰을 가져왔나요? 안 가져왔나요?
안 가져왔죠.

해야 할 일을 잊은 거니까
forget to '~할 것을 잊다'

 to bring

❸ try(시도하다)

try to부정사 : ~할 것을 노력하다
try 동명사 : ~를 (한번) 해 보다

try to는요~ 미래의 일을 위해 노력하는 거예요.
그 일을 달성했는지 안 했는지는 몰라요~

try ~ing는 한번 그냥 시험 삼아서
경험해 보는 거예요.

예를 들어 볼게요.

갑자기, 프린터가 안 돼요.

프린터를 한번 꺼 볼까요?

Try (to turn / turning) off the printer.
프린터를 꺼 봐.

무엇을 위해 노력하라는 의미가 아니라,

시험 삼아 꺼 보라고 하는 거니깐

try ~ing를 쓰면 됩니다.

turning

❹ stop

마지막 동사! stop은 더욱 특이해요.

주어, 동사, 목적어 구조에서
stop은 '경험하고 있는 것을 멈추다'라는 의미로 동명사와 함께 씁니다.

I stopped playing the piano.
나는 피아노 치는 것을 멈췄다.

피아노를 치는 경험을 했고, 그걸 멈춘 거죠~
그런데 stop은 자동사로 쓰기도 해요.

I stopped.
나는 멈췄다.

이렇게 주어, 동사로만 말해도 문장이 된다는 거예요.
하던 일을 멈췄어. 이런 의미로요.

"멈춘 이유가 뭐야?"

이때, 멈춘 목적을 to부정사로 부연 설명할 수가 있어요.

I stopped to get a phone call.
나는 전화를 받기 위해서 멈췄다.

여기서 to부정사는 멈춘 목적을 설명하니까
in order to랑 같은 뜻이고
to부정사의 부사적 용법에 해당해요.

문장 만들기

다음 단어를 바르게 배열하여 문장을 완성하세요.

❶

remember
I
visiting here
before

나는 전에 여기를 방문했던 기억이 난다.

_____

전에 여기를 방문한 경험을 한 거죠? '~했던 경험'을
기억하고 있기 때문에 remember 다음에 동명사를
씁니다.
remember ~ing: ~했던 것을 기억하다
remember to: ~할 것을 기억하다

❷

he
forgot
an email
to send her

그는 그녀에게 이메일 보내는 걸 잊었다.

_____

그녀에게 이메일을 보냈나요? 보내지 않았나요? 안 보
낸 상황이죠. 해야 할 일을 잊었기 때문에 forgot 다음
에 to부정사를 씁니다.
forget to: ~할 것을 잊다
forget ~ing: ~한 것을 잊다

❸

stopped
he
smoking

그는 담배 피우는 것을 그만뒀다.

_____

담배 피우는 경험을 했고, 그것을 그만두는 거죠?
stop 다음에 동명사를 씁니다.
stop ~ing: ~하는 것을 그만두다
stop to: ~하기 위해 그만두다

Answer 1) I remember visiting here before. 2) He forgot to send her an email.
3) He stopped smoking.

to부정사와 동명사를 모두 목적어로 취하는 동사

이번 Unit에서는 to부정사와 동명사 둘 다를
목적어로 취하는 동사들을 공부해 볼게요!

4. 둘 다를 목적어로 취하는 동사 그룹

동사의 대답 중에 마지막 그룹이에요.

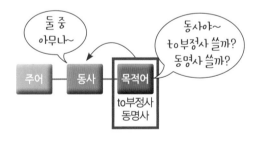

to부정사를 써도 되고, 동명사를 써도 된다!
모두 허락하는 동사입니다!

그럼, 그 동사들을 공개할게요~

like(좋아하다) love(사랑하다)
hate(싫어하다) start(시작하다)
begin(시작하다) continue(계속하다)

+ to부정사
동명사

이 동사들은
또 무슨 조합인가.
마음이 무거워집니다.

우리가 흔히 말하는 연애 감정을 떠올리면,
기억하기가 쉬워요~

좋아하다, 사랑하다, 싫어하다
(이러한 마음이) 시작하고, 계속하다~

예문을 자주 보고 익숙해집시다!

I like to cycle. I like cycling.
나는 자전거 타는 것을 좋아한다.

I love to cycle. I love cycling.
나는 자전거 타는 것을 사랑한다.

I hate to cycle. I hate cycling.
나는 자전거 타는 것을 싫어한다.

I started to cycle. I started cycling.
나는 자전거 타는 것을 시작했다.

I began to cycle. I began cycling.
나는 자전거 타는 것을 시작했다.

I continue to cycle. I continue cycling.
나는 자전거 타는 것을 계속한다.

지금까지 공부한 네 가지 동사 그룹을 활용해서
문제를 풀어 봅시다!

알맞은 표현을 골라 보세요. (복수 선택도 가능)

I practice (to swim / swimming).
나는 수영하는 것을 연습한다.

수영을 하고, 그것을 연습한다고 말하는 거죠?
practice 다음에는 경험 느낌의 동명사와 같이 씁니다.

또 다른 문제!

I love (to drink / drinking) coffee.
나는 커피 마시는 것을 좋아한다.

love는 연애 감정을 나타내는 동사 그룹에 속한다고 했죠?
to부정사, 동명사 둘 다 쓸 수 있어요.

 to drink, drinking

또 다른 문제입니다!

I tried (to fix / fixing) the car.
나는 차를 고치려고 (고칠 것을) 노력했다.

try 다음에는 to부정사도 쓸 수 있고, 동명사도 쓸 수 있는데요~
조건을 따져 보아야 해요.

try to는 '~할 것을 노력하다'.
try ~ing를 쓰면 '(시험 삼아 한번) 해 보다.'

차를 고치려고 노력했기 때문에
to부정사와 함께 쓰는 게 어울리겠죠?

 to fix

152

문장 만들기

다음 단어를 바르게 배열하여 문장을 완성하세요.

①

hates
to
the boy
wear a hat

소년은 모자 쓰는 것을 싫어한다.

_____

동사 hates 다음에는 to부정사, 동명사 둘 다 상관없이 쓸 수 있어요. 예문에서는 to부정사와 함께 썼어요.

주어 The boy 동사 hates
목적어 to wear a hat

②

loves
eating
fried chicken
she

그녀는 프라이드치킨 먹는 것을 좋아한다.

_____

동사 loves 다음에는 to부정사, 동명사 둘 다 상관없이 쓸 수 있어요. 예문에서는 동명사와 함께 썼어요.

주어 She 동사 loves
목적어 eating fried chicken

③

continues
he
to
lie to me

그는 계속 나에게 거짓말을 한다.

_____

동사 continues 다음에는 to부정사, 동명사 둘 다 상관없이 쓸 수 있어요. 예문에서는 to부정사를 썼어요.

주어 He 동사 continues 목적어 to lie to me

to부정사구 to lie to me에서 첫 번째 to는 to부정사, 두 번째 to는 전치사입니다.

Answer 1) The boy hates to wear a hat.　　2) She loves eating fried chicken.
3) He continues to lie to me.

153

Unit 42 동명사 관용 표현 ①

이번에는 to부정사를 절대 쓸 수 없는,
동명사의 고유한 영역을 소개합니다!

to부정사가 절대 침범할 수 없는 영역은?

바로 '전치사 +명사' 보따리로 쓸 때예요!
이때는 to부정사 말고 **'동명사'**만 쓸 수 있어요!

왜냐?
to를 to부정사로 쓰기도 하고, 전치사로 쓰기도 하니깐요~

to부정사	to	전치사
to + 동사원형 to eat (먹는 것)		to + 명사 to China (중국으로)

그러니 전치사 다음에 to부정사를 또 쓰면
이게 to부정사인지, 전치사인지 헷갈리겠죠?
그래서! 전치사 다음에 오는 명사 자리에는 '동명사'만 씁니다.

예문을 볼게요~

come
⇩
Thank you for _____.
와 줘서 고마워.

come이라는 동사를 전치사 for 다음에 넣는 문제죠?

for가 전치사니깐 다음에 명사가 와야 해요.
그래서 동사가 명사인 척하고 동명사로 들어갑니다.

coming

buy

⇩

We talked about _____ a house.

우리는 집을 사는 것에 대해서 이야기했어.

about은 전치사죠?

전치사 다음에 동사를 쓸 때는!
동명사로 쓴다~

 buying

그럼, 이제 같이 자주 쓰는 전치사+동명사 표현을 살펴볼게요!

자주 쓰는 전치사 + 동명사 표현

1 I am good at singing.
2 I dream of being a singer.
3 I'm tired of staying home.
4 I feel like going outside.
5 How(What) about going to the park?
6 The snow stopped me from riding my bike.

헉, 뭔가 복잡해 보이죠?
절망하지 말고 예문에서 전치사에 동그라미 해 봅시다.

전치사를 찾아라~

I am good at singing.

I dream of being a singer.

I'm tired of staying home.

I feel like going outside.

How(What) about going to the park?

The snow stopped me from riding my bike.

주의!
I feel like going outside. 이 문장에서 like는
동사 '좋아하다'라는 뜻이 아니라 '~와 같이'라는 전치사랍니다!

그럼 전치사 뒤에 동명사를 썼는지 확인해 보면 되겠죠?

I am good at singing.

I dream of being a singer.

I'm tired of staying home.

I feel like going outside.

How(What) about going to the park?

The snow stopped me from riding my bike.

어때요? '전치사＋동명사' 보이시나요?

형태는 알겠는데
뜻이 아직 알쏭달쏭!

뜻을 정리해 볼게요.

자주 쓰는 전치사 + 동명사 표현

1 be good at ~ing : ~하는 것에 능숙하다

2 dream of ~ing : ~하는 것을 꿈꾸다

3 be tired of ~ing : ~하는 것에 싫증나다

4 feel like ~ing : ~와 같은 느낌이다 ＝ ~하고 싶다

5 How(What) about ~ing : ~하는 것(에 대해) 어때?

6 stop A from ~ing : A를 ~하는 것으로부터 막다

전치사 느낌 살려서 기억해 두세요~

그럼 마지막으로 뜻 확인!

1 I am good at singing.
나는 노래하는 것에 능숙하다.

2 I dream of being a singer.
나는 가수가 되는(것의) 꿈을 꾼다.

3 I'm tired of staying home.
나는 집에 머무는 것에 싫증 난다.

4 I feel like going outside.
나는 밖에 나가고 싶다.

5 How(What) about going to the park?
공원에 가는 것은 어때?

6 The snow stopped me from riding my bike.
그 눈은 내가 자전거 타는 것을 막았다.

예문에 적용해 볼게요.

(feel / I / eating / chocolate / like)

_____.

나는 초콜릿 먹고 싶어.

'~와 같은 느낌 있어 = ~하고 싶어'
feel like ~ing를 쓰면 되겠죠?

 I feel like eating chocolate.

Quiz

다음 문장이 옳으면 O, 틀리면 X 하세요.

I'm good at math. _____

at 다음에 ing 없으니깐 당연히 틀린 문장 아냐?
정답은?

옳은 문장이에요.
왜냐!
be good at 전치사 다음에 명사를 썼으니깐요.

전치사+명사를 쓰는 게 원칙이고,
명사 자리에 '동사'를 쓸 때
'동명사'를 쓴다는 걸 기억해 두세요~

I'm good at math는
'나는 수학에 능숙해.'라는 뜻입니다.

O

문장 만들기

다음 단어를 바르게 배열하여 문장을 완성하세요.

❶

I
opening
dream of
a restaurant

나는 식당을 여는(것의) 꿈을 꾼다.

_____

dream of ~ing: ~의 꿈을 꾸다
전치사 of 다음에 동명사 opening을 씁니다.

❷

stopped
me
that noise
from
sleeping

그 소음이 나를 못 자게 했다.

_____

'그 소음이 나를 못 자게 했다'는 '그 소음이 나를 자는 것으로부터 막았다'와 같은 뜻이에요.
stop A from ~ing: A를 ~하는 것으로부터 막다.
전치사 from 다음에 동명사 sleeping을 써요.

❸

am
tired of
the computer
game
I
playing

나는 컴퓨터 게임 하는 것에 싫증 난다.

_____

be tired of ~ing: ~하는 것에 싫증 나다
전치사 of 다음에 동명사 playing을 써요.

Answer
1) I dream of opening a restaurant.
2) That noise stopped me from sleeping.
3) I am tired of playing the computer game.

동명사 관용 표현 ②

이번 Unit에서는 전치사 to+동명사 표현과,
숙어처럼 쓰는 동명사 표현을 익혀 볼게요.

1) 전치사 to + 동명사

look forward to ~ing : ~하는 것에 기대감을 가지고 기다리다
object to ~ing : ~하는 것에 반대하다
be used to ~ing : ~하는 것에 익숙하다

to 다음에 동사원형
써야 하는 거 아님?

이 표현들의 to는 전부 전치사 to예요.
모두 '~에'라는 뜻을 가진답니다.
to부정사의 to와 헷갈리면 안 돼요!

> **to의 정체를 파악하자!**
> **to + 동사원형 ⇨ to부정사**
> **to + 명사/동명사 ⇨ 전치사**

문제를 풀어 볼게요.

see
⇩
I'm looking forward to _____ you.
나는 너를 만날 것에 기대하며 기다리고 있어.

look forward to는 '~에 기대감을 가지고 기다리다'라는 뜻이죠?
여기서 to는 '~에'를 의미하는 전치사랍니다.

그래서 동사를 쓸 때는 동명사로 써야 해요.

seeing

help

⇩

She objected to _____ him.
그녀는 그를 돕는 것에 반대했다.

object to는 '~에 반대하다'
여기서 to는 전치사이니깐 동사를 쓰고 싶으면
동명사 형태로 바꿔야겠죠?

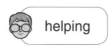

helping

drive

I am used to _____ at night.
나는 밤에 운전하는 것에 익숙하다.

used가 여기서는 형용사로 '익숙한'이란 뜻이에요.

be '～이다' used '익숙한' to '～에'

driving

Q used to, be used to 동사원형, be used to ~ing 이 세 가지 표현이 헷갈려요.

A use는 '사용하다'라는 뜻으로 기본적으로 많이 쓰는 동사이다 보니, 사용하는 표현도 많아요.

❶ used to는 '~하곤 했다'라는 뜻으로 과거의 습관을 나타내요.
I used to believe in ghosts. (나는 귀신을 믿곤 했다.) 지금은 믿지 않아요.

❷ be used to 동사원형은 '~하기 위해 이용된다'라는 뜻이에요.
주로 물건이 주어일 때, 주어가 스스로 할 수 없으니 'be+과거분사(p.p.)' '~하게 되다'
수동태와 함께 씁니다. to는 to부정사로 '~하기 위해서'라는 목적을 나타내요.
This program is used to create a video. (이 프로그램은 비디오를 만들기 위해 사
용된다.)

❸ be used to ~ing는 '~하는 데 익숙하다'라는 뜻입니다. 주로 사람이 주어일 때 써요.
주어 자체가 스스로 할 수 있기 때문에, 여기서 used는 '익숙한'이란 뜻으로 쓰였답
니다. to는 전치사!
I am used to studying at coffee shops. (나는 카페에서 공부하는 데 익숙하다.)

이번에는 동사 다음에 관용적으로 동명사를 쓰는 표현들입니다.

2) 동명사 관용 표현

go ~ing: ~하러 가다

be busy ~ing: ~하느라 바쁘다

spend 시간/돈 ~ing: ~하는 데 시간/돈을 쓰다(보내다)

예문에 많이 적용해 봅시다!

❶ go ~ing : ~하러 가다

go 다음에 ing를 써서 '~하러 가다'라는 뜻으로 써요.

Let's go _____. (fish)
낚시하러 가자.

They will go _____. (swim)
그들은 수영하러 갈 것이다.

자주 쓰는 표현이니깐 큰 소리로 따라 읽어 봅시다~
특히 취미 활동과 관련된 행동을 나타낼 때 씁니다!

 fishing, swimming

❷ be busy ~ing : ~하느라 바쁘다

바쁜 상황과 그 이유를 한꺼번에 말할 수 있는 표현입니다.
be busy in ~ing로 쓰기도 하는데요.
요즘은 전치사 in 없이 많이 씁니다.

바로 예문 적용!

(am / cooking / busy / I)

나는 요리하느라 바빠.

 I am busy cooking.

❸ spend 시간/돈 ~ing : ~하는 데 시간/돈을 쓰다(보내다)

시간/돈을 어떻게 쓰는지 나타내는 표현입니다!

(waiting / I / spent / for you / two hours)

나는 너를 기다리는 데 두 시간이나 보냈어.

 I spent two hours waiting for you.

문장 만들기

다음 단어를 바르게 배열하여 문장을 완성하세요.

❶

is
busy
washing our dog
my mom

나의 엄마는 개를 씻기느라 바쁘다.

_____

be busy ~ing: ~하느라 바쁘다

❷

I'm
eating alone
used
to

나는 혼자 먹는 것에 익숙하다.

_____

be used to ~ing: ~하는 데 익숙해지다

❸

getting a perm
I
three hours
spent

나는 파마하는 데 3시간이나 보냈다.

_____

spend 시간/돈 ~ing: ~하는 데 시간/돈을 쓰다(보내다).

Answer
1) My mom is busy washing our dog.　　2) I'm used to eating alone.
3) I spent three hours getting a perm.

동명사 TEST

A 다음 문장의 우리말 해석을 쓰세요.

---

1 Taking the subway is safe.

_____

2 His job is selling fish.

_____

3 He hates eating carrots.

_____

4 I like collecting coins.

_____

5 My hobby is watching comedy movies.

_____

주어와 동사만 찾아도 문장을 해석하기 쉬워요.

1 주어 Taking the subway 동사 is 주·보 safe
동명사가 주어 칸에 타고 있어요. '~하는 것은'이라고 해석합니다

2 주어 His job 동사 is 주·보 selling fish
동명사가 보어 칸에 타고 있어요. '주어 ≈ 주격 보어'의 관계를 확인하세요.

3 주어 He 동사 hates 목적어 eating carrots
동명사가 목적어 칸에 타고 있어요. '~하는 것을/를'이라고 해석합니다.

4 주어 I 동사 like 목적어 collecting coins
동명사가 목적어 칸에 타고 있어요. '~하는 것을/를'이라고 해석합니다.

5 주어 My hobby 동사 is 주·보 watching comedy movies
동명사가 보어 칸에 타고 있어요. '주어 ≈ 주격 보어'의 관계를 확인하세요.

Answer 1) 지하철 타는 것은 안전하다.   2) 그의 직업은 생선을 판매하는 것이다.
3) 그는 당근 먹는 것을 싫어한다.   4) 나는 동전 모으는 것을 좋아한다.
5) 내 취미는 코미디 영화를 보는 것이다.

B 괄호 안의 동사를 변형하여 빈칸을 완성하세요.

---

1 I hope _____ you soon. (see)

2 I finished _____ a calendar. (make)

3 He kept _____ English. (study)

4 I decided _____ the city. (leave)

5 I want _____ a house. (build)

---

1 나는 너를 곧 보기를 희망해.
희망을 나타내는 hope는 미래 느낌을 가지는 to부정사와 어울립니다.

2 나는 달력 만드는 것을 끝냈다.
달력 만드는 것을 시작했고, 그것을 끝낸 거죠?
finished는 경험의 느낌을 가지는 동명사와 함께 씁니다.

3 그는 영어 공부를 계속했다.
영어 공부를 한 경험을 했고 그걸 계속하는 거죠?
keep은 경험 느낌인 동명사와 어울립니다.

4 나는 그 도시를 떠나기로 결심했다.
아직 도시를 떠난 게 아니에요.
미래에 대한 결심을 했으니 to부정사와 어울려요.

5 나는 집을 짓기를 원한다.
집을 아직 짓기 시작한 것은 아니죠?
'원하다'와 어울리는 것은 미래의 느낌을 가지는 to부정사!

Answer   1) to see   2) making   3) studying   4) to leave   5) to build

C 우리말과 일치하도록 알맞은 말을 고르세요.

1 He stopped (to pick / picking) up coins on the ground.
그는 땅에서 동전들을 줍기 위해서 멈췄다.

2 I forgot (to call / calling) Matt.
나는 Matt에게 전화할 것을 잊었다.

3 I will stop (to drink / drinking) coffee.
나는 커피를 그만 마실 것이다.

4 He tried (to open / opening) the gate.
그는 대문을 한 번 열어 보았다.

5 Remember (to buy / buying) paper.
종이 사 올 것을 기억해.

1 stop to '~하기 위해서 멈추다'라는 뜻이고, stop ~ing는 '~하는 것을 멈추다'라는 뜻이에요.

2 forget to '~할 것을 잊다'라는 뜻이고, forget ~ing '~했던 것을 잊다'라는 뜻입니다. 여기서는 Matt에게 전화를 안 한 상태죠. 해야 할 일을 잊은 거예요.

3 stop to '~하기 위해서 멈추다'라는 뜻이고, stop ~ing는 '~하는 것을 멈추다'라는 뜻이에요.

4 try to '~하기 위해서 노력하다'라는 뜻이고, try ~ing는 '한번 ~해 보다'라는 뜻이죠.

5 remember to '~할 것을 기억하다'라는 뜻이고, remember ~ing는 '~했던 것을 기억하다'라는 뜻입니다. 아직 종이를 사는 일이 일어나지 않았고, 사 오기를 당부하는 문장이에요.

Answer 1) to pick   2) to call   3) drinking   4) opening   5) to buy

D 다음 〈보기〉의 동사를 활용하여 빈칸을 완성하세요.

〈 보기 〉

| live | bake | park | ski | feed |

---

1 I like to go _____ in winter.

2 She spent an hour _____ cookies.

3 I was busy _____ the cats.

4 How about _____ your car here?

5 I'm tired of _____ in the countryside.

---

1 나는 겨울에 스키 타러 가는 것을 좋아한다.
go ~ing: ~하러 가다

2 그녀는 쿠키를 굽는 데 한 시간을 보냈다.
spend 시간/돈 ~ing: ~하는 데 시간/돈을 쓰다(보내다)

3 나는 고양이를 먹이느라 바빴다.
be busy ~ing: ~하느라 바쁘다

4 너 차를 여기에 주차하는 게 어때?
How about ~ing: ~하는 것에 대해 어때? park는 동사로 '주차하다'라는 뜻입니다.

5 나는 시골에 사는 것이 지겹다.
be tired of ~ing: ~하는 것이 지겹다

E 다음 밑줄 친 부분 중 to가 전치사로 쓰인 것을 모두 고르세요.

1 I'm looking forward <u>to</u> visiting him.
2 I was happy <u>to</u> see you.
3 He can afford <u>to</u> buy a new bag.
4 I object <u>to</u> sharing my house with them.
5 She failed <u>to</u> pass the test.

to가 전치사로 쓸 경우는 뒤에 명사 또는 동명사가 나오고, to가 to부정사로 쓸 경우는 뒤에 동사원형이 나옵니다.

1 나는 그를 방문하는 것에 기대감을 가지고 기다리고 있어.
look forward to ~ing: ~하는 것에 기대감을 가지고 기다리다
to 다음에 visiting 동명사를 썼어요.

2 나는 너를 만나서 행복했어.
happy라는 형용사 뒤에 to부정사는 감정의 이유를 설명하고 있어요.
to 다음에 동사원형 see를 확인하세요.

3 그는 새 가방을 살 여유가 있어.
afford(~할 여유가 있다)는 목적어로 to부정사를 씁니다. to 다음에 동사원형을 썼어요.

4 나는 그들과 나의 집을 공유하는 데 반대해.
object to ~ing: ~하는 것에 반대하다
to 다음에 sharing 동명사를 썼어요.

5 나는 시험 통과하는 것을 실패했다.
fail(~을 실패하다)은 목적어로 to부정사를 씁니다. 미래 계획을 실패한 거죠.
to 다음에 동사원형으로 pass를 썼어요.

웹툰처럼 술술 읽히는 쉬운 영어 공부

고딸 영문법

고딸 임한결 지음

왕필수편 2

워크북
WORK BOOK

에림닷

웹툰처럼 술술 읽히는 쉬운 영어 공부

고딸 임한결 지음

왕필수편 **2**

워크북

WORK BOOK

예림당

Part 1
문장의 형식

Part 2

현재완료 & 조동사

1권에서 배운 내용이야!

Part **3**
수동태

Part **4**
to부정사

Part 5
동명사

수동태에서
동명사까지!

1. 영문법 생각에 아직 한숨이 나온다면?

영어에 조금은 재미를 붙였나요? 아직이라고요? 부담없이 그냥 쭉 읽어 보세요. 끝까지 포기하지 않는 것이 중요해요! 아자! 이 책을 여러 번 읽고 마음의 준비가 되면 그때 워크북을 봅니다!

2. 실전 영문법을 확실하게 정복하고 싶다면?

각 Unit마다 〈문장만들기〉가 있어요. 문법을 문장에 적용해 보세요. 금방 영어 문장 구조가 확실하게 잡힐 거예요. 그리고 〈Quiz〉 〈여기서 잠깐!〉과 〈시험이 좋아하는 영문법〉을 보며 헷갈리는 문법을 정리하세요. 끝으로 TEST 문제를 풀면서 실력을 점검하세요!

3. 영문법 문제를 많이 풀어 보고 싶다면?

워크북을 펼쳐 보세요. 〈머리에 쏙쏙〉을 보며 개념을 한눈에 정리하고, 〈연습 또 연습〉 문제를 풀어 보세요! 워크북 문제를 딱 끝내면, 어떠한 시험 문제도 당황스럽지 않을 거예요.

4. 왕필수 편을 보다가 살짝 지친다면?

〈같은 듯 달라!〉로 영어권 문화와 우리 문화의 차이점을 재미있게 읽어 보세요! 또, 왕기초 편에 이어 영문법 공부를 도와주는 꼬매 친구들이 있으니 함께 화이팅요!

수동태의 형태

1 능동태 vs 수동태

능동태	쓰임	주어가 스스로 할 때 씀
	형태	주어 + 동사~.
	해석	(주어가) ~하다
수동태	쓰임	주어가 스스로 하지 않을 때 씀
	형태	주어 + be동사 + 과거분사(p.p.) + by~.
	해석	(주어가) ~받다, ~되어지다, ~해지다, ~당하다

Ms. Wood <u>helped</u> the students. (Wood 씨는 학생들을 도왔다.)
　　　　　능동

The students <u>were helped by</u> Ms. Wood.
　　　　　　　수동

(학생들은 Wood 씨에 의해 도움을 받았다.)

2 수동태 의문문&부정문

의문문	Be동사 + 주어 + 과거분사(p.p.) + by~?
부정문	주어 + be동사 + not + 과거분사(p.p.) + by~.

A 다음 문장이 수동태인지, 능동태인지 쓰세요.

1. I ate some corn. _____
2. I was bitten by an insect. _____
3. We sold the house last year. _____
4. The money was donated by Dr. Parker. _____

B 다음 밑줄 친 동사가 과거형인지, 과거분사형인지 고르세요.

1. Peter <u>locked</u> the gate. [과거형, 과거분사형]
2. The noise was <u>made</u> by Bob. [과거형, 과거분사형]
3. James <u>developed</u> the program. [과거형, 과거분사형]
4. These trees were <u>raised</u> by Jessica. [과거형, 과거분사형]

C 다음 문장의 우리말 뜻을 쓰세요.

1. The students were taught by Ms. Bell.

_____

2. This concept was explained by Dr. Watson.

_____

3. The book was written by Harry Jefferies.

_____

4. The airplane was invented by the Wright brothers.

_____

수동태에서 주의할 점!

1 be동사

시제/주어	1인칭	2인칭 복수	3인칭 단수
현재	am	are	is
과거	was	were	was

주의 조동사 다음에는 be동사의 동사원형 be를 씀

<u>The article</u> was written by Amy. (기사는 Amy에 의해 쓰여졌다.)
　　　3인칭 단수

2 by+대명사

주의	전치사 **by** 다음에 대명사를 쓸 때는 목적격으로 씀
예	**by him**(그에 의해서), **by her**(그녀에 의해서) 등

The sofa was carried <u>by him</u>. (소파는 그에 의해서 옮겨졌다.)

A 다음 중 어법상 알맞은 말을 골라 동그라미 하세요.

1. This role will (be/is) played by Jack.
2. His speech (was/were) recorded by Lucy.
3. The house (is/are) owned by Mr. Johnson.
4. These paintings (was/were) drawn by my kids.

B 다음 〈보기〉에서 알맞은 표현을 골라 문장을 완성하세요.

〈보기〉	was	he	him	be

1. _____ opened a restaurant.
2. The bus was repaired by _____.
3. The roof _____ damaged by the strong wind.
4. These questions should _____ answered by Mike.

C 다음 우리말에 알맞도록 주어진 단어를 바르게 배열하세요.

1. 이 파스타는 Logan에 의해서 요리되었다.
   (was/cooked/this pasta/by/Logan)
   _____

2. 개는 엄마에 의해 씻겨졌다. (by/washed/was/my mom/the dog)
   _____

3. 그 영화는 Peter Jackson에 의해 감독되었다.
   (Peter Jackson/directed/was/the movie/by)
   _____

4. 지원자들은 Tyler 씨에 의해 인터뷰되었다.
   (the applicants/by/Mr. Tyler/interviewed/were)
   _____

수동태를 쓰는 이유

▶ 수동태를 쓰는 이유

쓰임	• 행위자를 강조하지 않을 때 씀 • 행위가 중요하지 않을 때는 'by + 행위자' (생략 가능함) 　by people(사람들에 의해) 　by us(우리에 의해) 　by them(그들에 의해) 　by someone(누군가에 의해)

The jewelry <u>is kept</u> in a safe. (보석은 금고에 보관된다.)

A 다음 중 어법상 알맞은 말을 골라 동그라미 하세요.

1. He (deleted/was deleted) the file.
2. The file (deleted/was deleted) by him.
3. Dave (changed/was changed) the curtain.
4. The curtain (changed/was changed) by Dave.
5. Dr. Miller (conducted/was conducted) the research.
6. The research (conducted/was conducted) by Dr. Miller.

B 다음 우리말에 알맞도록 주어진 단어를 바르게 배열하세요.

1. 비행기가 연착되었다. (was/the airplane/delayed)

_____

2. 간식이 제공될 것이다. (will/provided/snacks/be)

_____

3. 많은 제품들은 중국에서 만들어진다.
   (made/are/in China/many products)

_____

4. 소포는 어제 배달되었다. (the parcel/delivered/was/yesterday)

_____

5. 아이들은 도서관으로 데려가졌다.
   (to the library/taken/were/the kids)

_____

6. 이 우산이 내 차에서 발견되었다.
   (found/was/in my car/this umbrella)

_____

능동태를 수동태로 바꾸는 연습

▶ **능동태를 수동태로 바꾸는 방법**

^③ ^② ^①
능동태 Amy made this chair. (Amy는 이 의자를 만들었다.)

수동태 This chair was made by Amy. (이 의자는 Amy에 의해 만들어졌다.)

단계	1단계 : ①번(목적어)을 맨 앞으로 이동 2단계 : ②번(동사)을 'be동사 + 과거분사'로 바꿈 3단계 : by 다음에 ③번(주어)을 씀

능동태 He <u>tested</u> the printer. (그는 프린터를 테스트했다.)
수동태 The printer <u>was tested by</u> him. (프린터는 그에 의해 테스트되었다.)

A 다음 능동태 문장을 수동태로 바꿔 보세요.

1. He fixed the table.

   _____

2. The guard rescued a girl.

   _____

3. The boss rejected my idea.

   _____

4. She cleans the living room.

   _____

5. My mom grew the lemons.

   _____

6. Tim and Jane chose these stories.

   _____

7. The storm destroyed the fence.

   _____

8. Mr. Evans entered the names.

   _____

9. Van Gogh painted *the Night café*.

   _____

10. Ms. Stewart will announce the new plan.

   _____

1 다음 중 어법상 잘못된 것을 고르세요. [Unit24]

① Breakfast will be served at 7.
② The mirror was broke by Alex.
③ Was this car made in Germany?
④ The phone was answered by a man.
⑤ These trees were planted by my father.

2 다음 중 빈칸에 들어갈 수 있는 것을 고르세요. [Unit24]

> The car accident was _____ by Leo.

① see   ② sees   ③ saw   ④ seen   ⑤ seeing

3 다음 문장에서 was가 들어갈 곳을 고르세요. [Unit24]

> ① The meeting ② attended ③ by ④ 40 people ⑤ yesterday.

4 다음 중 〈보기〉의 우리말을 영어로 바르게 옮긴 것을 고르세요. [Unit25]

> 〈보기〉 이 스웨터는 찬물에 세탁되면 안 된다.

① This sweater shouldn't wash in cold water.
② This sweater shouldn't be wash in cold water.
③ This sweater shouldn't is washed in cold water.
④ This sweater shouldn't be washed in cold water.
⑤ This sweater shouldn't be washing in cold water.

5 다음 〈보기〉의 문장을 의문문으로 바르게 바꾼 것을 고르세요. [Unit24]

> 〈보기〉 The song was written by John Lennon.

① Did the song write by John Lennon?
② Did the song written by John Lennon?
③ Is the song write by John Lennon?
④ Was the song wrote by John Lennon?
⑤ Was the song written by John Lennon?

6 다음 중 빈칸에 들어갈 수 <u>없는</u> 표현을 고르세요. [Unit25]

> Dessert will be prepared by _____.

① my aunt   ② Peter   ③ her
④ my dad   ⑤ he

7 다음 중 수동태로 바꿀 수 있는 문장을 고르세요. [Unit27]

① The dog is barking.
② It is getting warm.
③ James lives in California.
④ The children look happy.
⑤ Students will pick the best photo.

8 다음 중 어법상 <u>잘못된</u> 것을 고르세요. [Unit24]

① My wage <u>is pay</u> every week.
② The temple <u>was discovered</u> in 2000.
③ Many people <u>were killed</u> in the war.
④ This necklace <u>wasn't made</u> in Switzerland.
⑤ The chair should <u>be moved</u> to the meeting room.

9~10. 다음 두 문장이 같은 의미가 되도록 알맞은 표현을 고르세요.

9 [Unit26]

> Students _____ the color pens.
> = The color pens are used by students.

① use   ② uses   ③ used   ④ are   ⑤ are used

10 [Unit26]

> He _____ these photos.
> = These photos were taken by him.

① take   ② takes   ③ took   ④ taken   ⑤ was taken

11~12. 다음 〈보기〉의 문장을 수동태로 바르게 바꾼 것을 고르세요.

11 [Unit27]

〈보기〉 Ralph packed the bags.

① Ralph is packed the bags.
② Ralph was packed the bags.
③ The bags are packed by Ralph.
④ The bags was packed by Ralph.
⑤ The bags were packed by Ralph.

12 [Unit27]

〈보기〉 A car hit the cat yesterday.

① A car is hit the cat yesterday.
② A car was hitten the cat yesterday.
③ The cat is hit by a car yesterday.
④ The cat was hit by a car yesterday.
⑤ The cat was hitten by a car yesterday.

13~14. 다음 괄호 안에 동사를 활용하여 수동태 문장을 완성하세요.

13 [Unit24]

The movie _____ _____ in New Zealand last year. (film)

(그 영화는 작년에 뉴질랜드에서 촬영되었다.)

14 [Unit25]

DVDs can _____ _____ at the library. (borrow)

(DVD는 도서관에서 대여될 수 있다.)

15~16. 다음 밑줄 친 부분을 바르게 고쳐 수동태 문장으로 다시 쓰세요. [Unit25]

15 The theater <u>build</u> in 1970.

_____

16 The new hair shop is run by <u>she</u>.

_____

17~18. 다음 〈보기〉에서 알맞은 동사를 골라 문장을 완성하세요. [Unit26]

〈보기〉	wear	wore	worn	wearing

17 The students should _____ uniforms at school.

18 The dress was _____ by Marilyn Monroe.

19~20. 다음 문장을 수동태로 바꿔 쓰세요. [Unit27]

19 Sylvia Kim created these characters.

_____

20 Hundreds of people watched the game.

_____

to부정사는 왜 쓰지?

▶ to부정사

형태	to + 동사원형
쓰임	'동사 칸'이 아닌 곳에 동사를 쓸 때 씀
용법	명사적 용법, 형용사적 용법, 부사적 용법

I <u>want</u> to drink cold water. (나는 찬물 마시기를 원한다.)
　　동사 칸

My goal <u>is</u> to be a pianist. (내 목표는 피아니스트가 되는 것이다.)
　　　　동사 칸

A 다음 〈보기〉와 같이 to부정사에 밑줄 그으세요.

〈보기〉 I want <u>to sleep</u> early.

1. She hates to sing.
2. My dad likes to cook.
3. Her dream is to travel to Italy.

B 다음 중 어법상 알맞은 말을 골라 동그라미 하세요.

1. I (walked/to walk) with Linda.
2. She likes (listen/to listen) to music.
3. They planned (build/to build) a house.
4. Jane (goes/to go) to Spanish lessons.
5. Joe (made/to make) some mistakes.
6. Chloe loves (eats/to eat) chocolate.
7. He forgot (close/to close) the windows.
8. My hope is (became/to become) a police officer.

to부정사의 명사적 용법①

1 to부정사의 명사적 용법

쓰임	명사처럼 주어, 목적어, 보어 칸에 씀
해석	~하기, ~하는 것
보충	**to부정사구란?** **to**부정사의 구역(to부터 동사 다음에 따라오는 단어까지의 보따리)

2 to부정사가 주어 칸에 탈 때

해석	~하는 것은, ~하기는
주의	**to**부정사(구)는 **3**인칭 단수 취급

3 가주어, 진주어

쓰임	주어 자리에 It을 쓰고, 문장 뒤에 **to**부정사구를 씀
이유	주어가 길어지는 것을 방지

It is important to follow the rules. (규칙을 따르는 것은 중요하다.)
가주어   진주어

A 다음 〈보기〉와 같이 가주어, 진주어를 사용하여 문장을 완성하세요.

> 〈보기〉 To find the answers was easy.
> = It was easy to find the answers.

1. To sleep well is important.

= _____ is important _____ .

2. To leave your bag here is not advisable.

= _____ is not advisable _____ .

3. To go to the park at night may be dangerous.

= _____ may be dangerous _____ .

B 가주어, 진주어를 사용하여 주어진 단어를 바르게 배열하세요.

1. 돈을 모으는 것은 쉽지 않다.
(isn't/to save money/it/easy)

_____

2. 영화 상영 중에 휴대 전화를 사용하는 것은 무례하다.
(rude/to use phones during a movie/it/is)

_____

3. 다른 사람의 말을 주의 깊게 듣는 것은 중요하다.
(it/important/is/to listen carefully to others)

_____

4. 개를 키우는 것은 큰 책임일 수 있다.
(it/a big responsibility/can be/to raise a dog)

_____

to부정사의 명사적 용법②

1 to부정사가 목적어 칸에 탈 때

해석	~하는 것을, ~하기를

I want <u>to buy</u> a toothbrush. (나는 칫솔 사기를 원한다.)
　　　　목적어

2 to부정사가 보어 칸에 탈 때

주격 보어	to부정사(구)가 주어를 보충
목적격 보어	to부정사(구)가 목적어를 보충

Her goal is <u>to pass</u> the test. (그녀의 목표는 시험에 합격하는 것이다.)
　　　　　주격 보어

We asked her <u>to pack</u> the bag. (우리는 그녀에게 가방을 싸 달라고 요청했다.)
　　　　　목적격 보어

A 다음 〈보기〉와 같이 목적어 칸에 들어가는 to부정사구에 밑줄 그어 보세요.

> 〈보기〉 My brother wants <u>to go to the concert</u>.

1. I like to take pictures.
2. She began to teach yoga.
3. Judy decided to move to Busan.
4. Ben doesn't want to buy that desk.

B 다음 밑줄 친 to부정사구가 주격 보어인지, 목적격 보어인지 쓰세요.

1. Her hope is <u>to visit Hong Kong</u>. _____
2. My plan for today is <u>to study</u>. _____
3. I told him <u>to bring an umbrella</u>. _____
4. She asked me <u>to turn on the light</u>. _____

C 다음 우리말에 알맞도록 주어진 단어를 바르게 배열하세요.

1. 그는 그의 일을 그만두기로 결정했다. (to quit his job/he/decided)

_____

2. 내 꿈은 여배우가 되는 것이다. (is/my dream/to be an actress)

_____

3. 그녀는 소년에게 양치질을 하라고 말했다.
   (she/to brush his teeth/the boy/told)

_____

to부정사의 형용사적 용법

▶ **to부정사의 형용사적 용법**

쓰임	명사를 꾸밈
해석	~할
특징	명사 뒤

I brought a book to read. (나는 읽을 책을 가져왔다.)

I need a pen to write with. (나는 쓸 펜이 필요하다.)

A 다음 〈보기〉와 같이 밑줄 친 to부정사(구)가 꾸미는 명사를 쓰세요.

〈보기〉 We have the right <u>to vote</u>.   [right]

1. Here are some towels <u>to wash</u>.   [   ]
2. It is time <u>to do your homework</u>.   [   ]
3. Ms. Baker has the ability <u>to manage the project</u>. [   ]

B 다음 문장의 우리말 뜻을 써 보세요.

1. I found a good place to shop.

_____

2. I have some clothing to donate.

_____

3. The party is an important event to attend.

_____

C 다음 우리말에 알맞도록 주어진 단어를 바르게 배열하세요.

1. 나는 팔 자전거가 있다. (to sell/a bike/I/have)

_____

2. 그녀는 그녀를 도와줄 사람이 필요하다.
(needs/she/to help her/a person)

_____

3. 나는 그 문제를 해결할 방법을 모른다.
(I/a way/don't know/to solve the problem)

_____

to부정사의 부사적 용법 ①

▶ **to부정사의 부사적 용법 ①**

경우	to부정사(구)가 동사를 부연 설명
해석	① ～하기 위해서 [목적] = in order to ② (그래서, 결국) ～하다 [결과]

Jim went to the cafe <u>to see</u> Jane. (Jim은 Jane을 보기 위해서 카페에 갔다.)
　　　　　　　　　　　 ～하기 위해서

A 다음 문장의 우리말 뜻을 써 보세요.

1. I bought flour to make cookies.

_____

2. My dog jumped to catch the ball.

_____

3. I woke up to see the snow.

_____

B 다음 〈보기〉에서 알맞은 표현을 골라 문장을 완성하세요.

〈보기〉	to buy	to avoid	to ask

1. I called John _____ some questions.
2. Kevin went to the store _____ a light bulb.
3. Donna left early in order _____ the traffic.

C 다음 우리말에 알맞도록 주어진 단어를 바르게 배열하세요.

1. 그녀는 Moore 씨와 이야기하기 위해서 여기에 왔다.
   (to Mr. Moore/came here/she/to talk)

_____

2. 우리는 햇빛을 차단하기 위해 커튼을 닫았다.
   (to block/we/shut the curtains/the sun)

_____

3. 그는 그의 가방을 찾기 위해서 기차역으로 돌아갔다.
   (he/to the station/went back/find his bag/in order to)

_____

to부정사의 부사적 용법②

▶ to부정사의 부사적 용법②

경우	to부정사(구)가 형용사를 꾸밈
해석	① 감정 형용사 + to부정사 : ～해서 ② 일반 형용사 + to부정사 : ～하기에

I'm not ready to go out. (나는 밖으로 나갈 준비가 되지 않았다.)

A 다음 〈보기〉와 같이 밑줄 친 to부정사(구)가 꾸미는 형용사를 쓰세요.

> 〈보기〉 Ann will be happy <u>to see you</u>.   [happy]

1. I'm lucky <u>to know you</u>.   [　　　]
2. He is so kind <u>to carry my bag</u>.   [　　　]
3. The book is easy <u>to understand</u>.   [　　　]

B 다음 문장의 우리말 뜻을 써 보세요.

1. I'm sorry to tell you the bad news.

_____

2. He was glad to pass the test.

_____

3. This jacket is difficult to wash.

_____

C 다음 우리말에 알맞도록 주어진 단어를 바르게 배열하세요.

1. 그 서랍은 조립하기가 어려웠다.
   (was hard/assemble/to/the drawer)

_____

2. 그녀는 마술 공연을 봐서 기뻤다.
   (the magic show/was happy/she/to see)

_____

3. Ben은 그 일을 시작할 준비가 되었다.
   (the work/is ready/Ben/to start)

_____

to부정사 Q&A

▶ to부정사 Q&A

질문1	전치사 to와 to부정사 to의 차이점은?	답1	to + 명사 ⇨ 전치사 to + 동사 ⇨ to부정사
질문2	to부정사를 부정하는 방법은?	답2	not to
질문3	의문사와 to부정사를 같이 쓸 때는?	답3	what to do (무엇을 할지) where to go (어디에 갈지) when to go (언제 갈지) how to go (어떻게 갈지)
질문4	too ~to의 뜻은?	답4	~하기에 너무 ~하다 = ~해서 ~할 수 없다

A 다음 밑줄 친 to가 to부정사인지, 전치사인지 쓰세요.

1. This bus is going <u>to</u> Seoul. _____

2. I hope <u>to</u> attend the event. _____

3. Peter gave some tomatoes <u>to</u> me. _____

4. She took a course <u>to</u> learn about investing. _____

B 다음 우리말에 알맞도록 주어진 단어를 바르게 배열하세요.

1. 내 목표는 오늘 업무를 완성하는 것이다.
(is/complete the task/today/my goal/to)

_____

2. 그는 나에게 운전을 너무 빨리 하지 말라고 말했다.
(not to/told/he/me/drive too fast)

_____

3. 나는 점심으로 뭘 먹어야 할지 모르겠다.
(eat for lunch/what to/I/don't know)

_____

4. 담요는 사용하기에 너무 더럽다.
(dirty/to use/too/is/the blanket)

_____

5. 스웨터는 입기에 너무 낡았다.
(the sweater/to/wear/old/too/is)

_____

to부정사 TEST

1~2. 다음 빈칸에 들어갈 수 있는 것을 고르세요.

1 [Unit29]

> She _____ English.

① teach   ② teaches   ③ to teach
④ to taught   ⑤ to teaches

2 [Unit31]

> He asked me _____ the ball.

① kick   ② kicked   ③ to kick
④ to kicked   ⑤ to kicks

3~4. 다음 문장에서 to가 들어갈 곳을 고르세요.

3 [Unit31]

> ① My dream ② is ③ become ④ a famous ⑤ singer.

4 [Unit35]

> ① She ② doesn't know ③ how ④ solve ⑤ the problem.

5~6. 다음 중 〈보기〉의 우리말을 영어로 바르게 옮긴 것을 고르세요.

5 [Unit30]

〈보기〉 좋은 음식을 먹는 것은 중요하다.

① Eat good food is important.
② It is important eat good food.
③ It is important eat to good food.
④ It is important to eat good food.
⑤ It is important to eating good food.

6 [Unit35]

〈보기〉 나는 영화 보러 가기에 너무 피곤하다.

① I'm tired go to a movie.
② I'm too tired go to a movie.
③ I'm too tired to go to a movie.
④ I'm tired too to go to a movie.
⑤ I'm to tired too go to a movie.

7~8. 다음 밑줄 친 to부정사구의 역할을 고르세요.

7 [Unit31]

I want <u>to buy a new cellphone</u>.

① 주어   ② 목적어   ③ 보어   ④ 형용사   ⑤ 부사

8 [Unit32]

I need a chair <u>to sit on</u>.

① 주어   ② 목적어   ③ 보어   ④ 형용사   ⑤ 부사

9 다음 문장에서 expensive가 들어갈 곳을 고르세요. [Unit35]

① This ② watch ③ is too ④ to ⑤ buy.

10 밑줄 친 부분을 in order to로 바꿀 수 있는
문장을 고르세요. [Unit33]

① Matt likes <u>to</u> read books.
② It is difficult <u>to</u> learn French.
③ I hope <u>to</u> work at this company.
④ He was angry <u>to</u> see his new car.
⑤ She went to the shop <u>to</u> buy a stapler.

11 다음 중 to부정사의 역할이 〈보기〉와 같은 것을 고르세요. [Unit34]

〈보기〉 I'm happy <u>to come back home safely</u>.

① He planned <u>to go to Europe</u>.
② I was glad <u>to travel with you</u>.
③ I have a dream <u>to be a comedian</u>.
④ His plan is <u>to buy a house with a big yard</u>.
⑤ She expects me <u>to finish the project by Friday</u>.

12 다음 중 어법상 잘못된 곳을 고르세요. [Unit32]

<u>He</u> <u>has</u> enough <u>time</u> <u>visit</u> the <u>museum</u>.
① ② ③ ④ ⑤

13~14. 다음 〈보기〉에서 알맞은 단어를 골라 문장을 완성하세요.

| 〈보기〉 | sell | to sell | sold |

13 Linda decided _____ her house. [Unit31]

14 John _____ his car a week ago. [Unit29]

15~16. 다음 우리말에 알맞도록 주어진 단어를 바르게 배열하세요.

15 [Unit30]

피자를 만드는 것은 쉬웠다. (make, easy, it, was, the pizza, to)

_____

16 [Unit32]

나는 먹을 게 아무것도 없다. (have, I, to, eat, don't, anything)

_____

17~18. 다음 밑줄 친 부분을 바르게 고쳐 문장을 다시 쓰세요.

17 I want <u>to took</u> a walk. [Unit29]

_____

18 He advised me <u>to not</u> be late again. [Unit35]

_____

19~20. 다음 문장에 to를 넣어 문장을 다시 쓰세요.

19 It is time get up. [Unit32]

_____

20 She took some photos send to her mom. [Unit33]

_____

동명사 개념을 잡아라!

▶ **동명사**

형태	동사원형 ing
쓰임	명사처럼 주어, 목적어, 보어 칸에 씀
용법	~하기, ~하는 것

▶ **동명사구란?**

동명사의 구역(동명사부터 다음에 따라오는 단어까지의 보따리)

<u>Getting a job</u> is difficult. (직장 구하는 것은 어렵다.)
　　　주어 칸

I like <u>playing table tennis.</u> (나는 탁구 치는 것을 좋아한다.)
　　　　목적어 칸

A 다음 밑줄 친 동명사(구)의 역할을 고르세요.

1. She enjoys <u>knitting</u>. [주어, 목적어, 보어]
2. I don't like <u>climbing</u>. [주어, 목적어, 보어]
3. <u>Running</u> keeps me fit. [주어, 목적어, 보어]
4. My favorite sport is <u>cycling</u>. [주어, 목적어, 보어]
5. <u>Flying to Barcelona</u> costs a lot. [주어, 목적어, 보어]
6. My hobby is <u>playing the violin</u>. [주어, 목적어, 보어]

B 다음 중 어법에 알맞은 말을 골라 동그라미 하세요.

1. (Get/Getting) up early is not easy.
2. The girl denied (eat/eating) the chocolate.
3. Henry (finished/finishing) washing his car.
4. I usually (work/working) in front of a PC.
5. (Eat/Eating) food is not allowed in the library.
6. Ms. Little (received/receiving) the award for Best New Author.

to부정사를 목적어로 취하는 동사

▶ to부정사를 목적어로 취하는 동사

주어	동사	목적어
주어	wish(소망하다), hope(희망하다), want(원하다), promise(약속하다), decide(결심하다), expect(기대하다), afford(~할 여유가 있다), plan(계획하다), agree(동의하다), pretend(~한 척하다), fail(실패하다), refuse(거절하다) 등	to부정사

He agreed <u>to change</u> the plan. (그는 계획 바꾸는 것을 동의했다.)
　　　　　　목적어

A 다음 우리말에 알맞도록 주어진 단어를 바르게 배열하세요.

1. 그녀는 생물학을 공부하길 원한다.
   (biology/she/wants/to/study)

   _____

2. 그는 학생인 척을 했다.
   (he/to/be/pretended/a student)

   _____

3. 나는 내일 Williams 씨를 돕는 것에 동의했다.
   (Mr. Williams/tomorrow/agreed/I/to/help)

   _____

B 다음 문장에 to를 넣어 문장을 다시 쓰세요.

1. I hope see you soon.

   _____

2. I want eat another cookie.

   _____

3. He refused join the band.

   _____

4. I want make more friends.

   _____

5. She planned plant a lime tree.

   _____

동명사를 목적어로 취하는 동사

▶ 동명사를 목적어로 취하는 동사

주어	동사	목적어
주어	enjoy(즐기다), keep(계속하다), practice(연습하다), finish(끝내다), give up(포기하다), delay(미루다), postpone(연기하다), mind(꺼리다), avoid(피하다), deny(부정하다) 등	동명사

She avoided <u>using paper cups.</u> (그녀는 종이컵 사용하는 것을 피했다.)
               목적어

A 다음 우리말에 알맞도록 주어진 단어를 바르게 배열하세요.

1. 그녀는 요리하는 것을 즐기지 않는다.
   (doesn't/enjoy/cooking/she)

   _____

2. 문 닫는 것을 꺼리니?
   (the door/mind/do/you/shutting)

   _____

3. 나는 에세이 제출하는 것을 미뤘다.
   (I/submitting/delayed/my essay)

   _____

B 다음 중 어법상 알맞은 말을 골라 동그라미 하세요.

1. Paul wants (to be/being) a vet.
2. I enjoyed (to talk/talking) to you.
3. He denied (to steal/stealing) the pen.
4. She can afford (to buy/buying) a guitar.
5. Jenny kept (to make/making) mistakes.
6. Kate decided (to study/studying) abroad.
7. The students finished (to take/taking) the test.
8. I hope (to graduate/graduating) from university this year.

to부정사와 동명사를 조건에 맞게 목적어로 취하는 동사

▶ to부정사와 동명사를 조건에 맞게 목적어로 취하는 동사

주어	동사	목적어	해석
주어	remember	to부정사	~할 것을 기억하다
		동명사	~한 것을 기억하다
	forget	to부정사	~할 것을 잊다
		동명사	~한 것을 잊다
	try	to부정사	~할 것을 노력하다
		동명사	~를 한번 해 보다
	stop	to부정사 [부사적 용법]	~하기 위해 멈추다
		동명사	~하는 것을 멈추다

I forgot <u>to buy</u> toilet paper. (나는 화장지 사는 것을 잊었다.)
　　　　　목적어

A 다음 중 우리말에 알맞은 표현을 골라 동그라미 하세요.

1. 그는 편지를 보내야 할 것을 기억했다.
   He remembered (to send/sending) the letter.

2. 우리는 샌드위치를 먹기 위해 멈췄다.
   We stopped (to have/having) sandwiches.

3. Daniel은 오토바이 타는 것을 그만뒀다.
   Daniel stopped (to ride/riding) a motorbike.

4. 그녀는 주차 공간을 찾으려고 노력했다.
   She tried (to find/finding) a parking space.

5. 나는 이 서류 보내는 것을 깜빡했다.
   I forgot (to send/sending) this document.

6. 나는 어렸을 때 런던에 갔던 걸 기억한다.
   I remember (to go/going) to London when I was little.

7. 여기 웹사이트 한번 방문해 봐.
   Try (to visit/visiting) this website.

8. 나는 아빠에게 전화하는 걸 깜빡했다.
   I forgot (to call/calling) my dad.

to부정사와 동명사를 모두 목적어로 취하는 동사

▶ to부정사와 동명사를 모두 목적어로 취하는 동사

주어	동사	목적어
주어	like(좋아하다), love(사랑하다), hate(싫어하다), start(시작하다), begin(시작하다), continue(계속하다) 등	to부정사 / 동명사

He loves <u>to drive</u>. (그는 운전하는 것을 좋아한다.)
= He loves <u>driving</u>.

A 다음 두 문장이 같은 뜻이 되도록 문장을 완성하세요.

1. He started to read the novel.
   He started _____ the novel.
2. I will continue working at this company.
   I will continue _____ at this company.
3. She hates traveling by ship.
   She hates _____ by ship.
4. Helen loves to invite people to her home.
   Helen loves _____ people to her home.

B 다음 밑줄 친 부분이 맞으면 O, 틀리면 바르게 고치세요.

1. Linda enjoys <u>to read</u>.   _____
2. I've started <u>to eat</u> healthy meals.   _____
3. I've decided <u>to apply</u> for the job.   _____
4. Sam keeps <u>to come</u> to school late.   _____
5. Mr. Moore hates <u>working</u> overtime.   _____
6. She likes <u>to learn</u> about other cultures.   _____
7. He wants <u>talking</u> to the shop manager.   _____

동명사 관용 표현 ①

▶ 동명사 관용 표현 ①

특징	전치사 + (동)명사
표현	① be good at ~ing : ~하는 것에 능숙하다 ② dream of ~ing : ~하는 것의 꿈을 꾸다 ③ be tired of ~ing : ~하는 것에 싫증나다 ④ feel like ~ing : ~하고 싶다 ⑤ How(What) about ~ing? : ~하는 것에 대해 어때? ⑥ stop A from ~ing : A를 ~하는 것으로부터 막다

I feel like sleeping more. (나는 잠을 더 자고 싶다.)

A 다음 밑줄 친 부분을 바르게 고쳐 쓰세요.

1. Thank you for <u>come</u>.　　　　_____
2. I feel like <u>have</u> some cake.　　_____
3. I'm tired of <u>to wait</u> for him.　_____
4. How about <u>to go</u> to the park?　_____

B 다음 문장의 우리말 뜻을 써 보세요.

1. Eva is good at computer games.

_____

2. Ben dreams of being a scientist.

_____

3. The rain stopped him from cycling.

_____

C 다음 우리말에 알맞도록 주어진 단어를 바르게 배열하세요.

1. 축구 하는 게 어때?
(about/playing/what/soccer)

_____

2. 그녀는 록 음악 듣는 데 싫증이 났다.
(was/to/rock music/tired/she/of/listening)

_____

3. 그는 자전거 수리하는 것을 잘한다.
(is/he/repairing/good/at/bikes)

_____

동명사 관용 표현②

1 전치사 to + 동명사 표현

표현	① look foward to ~ing : ~하는 것에 기대감을 가지고 기다리다 ② object to ~ing : ~하는 것에 반대하다 ③ be used to ~ing : ~하는 것에 익숙하다
특징	to 동사원형 : to부정사 to 명사/동명사 : 전치사구
주의	used to + 동사원형 : ~하곤 했다 be used to + 동사원형 : ~하기 위해 이용되다 be used to ~ing : ~하는 데 익숙하다

I look forward to receiving your reply.
(나는 너의 답을 받는 것에 기대감을 가지고 기다린다.)

2 동명사 관용 표현

표현	① go ~ing : ~하러 가다 ② be busy ~ing : ~하느라 바쁘다 ③ spend 시간·돈 ~ing : ~하는 데 시간·돈을 쓰다 / 보내다

I will go jogging this evening.
(나는 오늘 저녁에 조깅하러 갈 것이다.)

A 다음 밑줄 친 부분을 바르게 고쳐 쓰세요.

1. Let's go <u>hike</u>. _____
2. She is used to <u>live</u> in Korea. _____
3. I look forward to <u>hear</u> from you. _____
4. He was busy <u>prepare</u> for the test. _____

B 다음 우리말에 알맞도록 주어진 단어를 바르게 배열하세요.

1. 그는 저녁을 요리하느라 바쁘다.
   (cooking/is/he/busy/dinner)

   _____

2. 그녀는 사무실에서 일하는 데 8시간을 보낸다.
   (8 hours/working/she/spends/at the office)

   _____

3. 그는 영국에 살곤 했다.
   (in England/used/to/he/live)

   _____

4. 나는 부산 여행하면서 휴가를 보낼 것이다.
   (I/my holidays/traveling/will/spend/in Busan)

   _____

5. 그들은 조각상을 파괴하는 것에 반대한다.
   (the statue/object/they/to/destroying)

   _____

동명사 TEST

1 다음 두 문장이 같은 뜻이 되도록 빈칸에 알맞은 표현을 고르세요. [Unit37]

It is important to eat breakfast.
= _____ is important.

① Eat breakfast   ② Eating breakfast   ③ Ate breakfast
④ To eating breakfast ⑤ Eats breakfast

2 다음 중 밑줄 친 동명사(구)가 보어로 쓰인 것을 고르세요. [Unit37]

① <u>Singing</u> makes me happy.
② She likes <u>going for a walk</u>.
③ My hobby is <u>playing chess</u>.
④ <u>Running</u> will improve your health.
⑤ The dog gave up <u>chasing the birds</u>.

3~4. 다음 빈칸에 들어갈 수 있는 것을 고르세요.

3 [Unit38]

My mom _____ to buy me a basketball.

① promised   ② enjoyed   ③ avoided
④ finished   ⑤ postponed

4 [Unit39]

Would you _____ helping Lily?

① want   ② agree   ③ mind
④ expect   ⑤ hope

5~6. 다음 중 〈보기〉의 우리말을 영어로 바르게 옮긴 것을 고르세요.

5 [Unit40]

〈보기〉 그는 살을 빼려고 노력했다.

① He tried lose weight.
② He tried lost weight.
③ He tried losing weight.
④ He tried to lose weight.
⑤ He tried to losing weight.

6 [Unit40]

〈보기〉 그녀는 전기세 내는 것을 깜빡했다.

① She forgot pay the power bill.
② She forgot paid the power bill.
③ She forgot to pay the power bill.
④ She forgot paying the power bill.
⑤ She forgot to paying the power bill.

7~8. 다음 중 어법상 <u>잘못된</u> 곳을 고르세요.

7 [Unit43]

She <u>is</u> <u>looking</u> <u>forward</u> <u>to</u> <u>go</u> back <u>to school</u>.
　① 　②　 　③ 　 　④ 　 　　⑤

8 [Unit43]

He <u>is</u> <u>busy</u> <u>write</u> <u>a letter</u> <u>to the customer</u>.
　① 　② 　③ 　④ 　　⑤

9 다음 중 밑줄 친 부분 중 어법상 잘못된 것을 고르세요. [Unit38~40]

① Nick delayed <u>to visit</u> China.
② He kept <u>talking</u> about the event.
③ She started <u>to take</u> cooking lessons.
④ Chloe practices <u>dancing</u> every night.
⑤ Thomas failed <u>to pass</u> the driving test.

10 다음 중 밑줄 친 부분 중 어법상 잘못된 것을 고르세요. [Unit42]

① Jack is good at <u>making</u> jokes.
② How about <u>having</u> pasta for dinner?
③ She is dreaming of <u>becoming</u> president.
④ My mom stopped me from <u>drink</u> coke.
⑤ Luke was tired of <u>staying</u> home on weekends.

11 다음 빈칸에 들어갈 수 있는 것을 모두 고르세요. [Unit41]

> They continued _____ the issue.

① discuss ② discussing ③ to discuss
④ have discussed ⑤ to discussing

12 주어진 우리말과 같도록 알맞은 표현을 고르세요. [Unit40]

> 그는 바다 수영하는 것을 그만뒀다.
> He stopped _____ in the ocean.

① swims ② swimming ③ to swim
④ to swimming ⑤ to swam

13~14. 다음 〈보기〉에서 알맞은 단어를 골라 문장을 완성하세요.

> 〈보기〉   buy   to buy   buying

13 He planned _____ a new laptop.   [Unit38]

14 Jack delayed _____ the piano.   [Unit39]

15~16. 다음 주어진 단어를 활용하여 우리말에 알맞도록 문장을 완성하세요.

15 [Unit40]

나는 어렸을 때 그 영화를 봤던 걸 기억한다. (watch)

I remember _____ the movie when I was young.

16 [Unit40]

그는 선크림 바르는 걸 깜빡했다. (wear)

He forgot _____ sunscreen.

17~18. 다음 우리말에 알맞도록 주어진 단어를 바르게 배열하세요.

17 정원을 가꾸는 것은 건강에 좋다. [Unit37]

(is, good, gardening, for, your health)

_____

18 나의 취미는 패션 잡지를 보는 것이다. [Unit37]

(reading, is, my, hobby, fashion magazines)

_____

19 그는 그림 그리는 것에 능숙하다. [Unit42]

(is, good, he, at, painting)

_____

20 Jack은 추운 날씨에 익숙하지 않다. [Unit43]

(isn't, used, Jack, to, the cold weather)

_____

Part 3

Unit 24

A 1. 능동태 2. 수동태 3. 능동태 4. 수동태

B 1. 과거형 2. 과거분사형 3. 과거형 4. 과거분사형

C 1. 학생들은 Bell 씨에 의해 가르쳐졌다.
2. 이 개념은 Watson 박사에 의해 설명되었다.
3. 그 책은 Harry Jefferies에 의해 쓰여졌다.
4. 비행기는 Wright 형제에 의해 발명되었다.

Unit 25

A 1. be 2. was 3. is 4. were

B 1. He 2. him 3. was 4. be

C 1. This pasta was cooked by Logan.
2. The dog was washed by my mom.
3. The movie was directed by Peter Jackson.
4. The applicants were interviewed by Mr. Tyler.

Unit 26

A 1. deleted 2. was deleted 3. changed
4. was changed 5. conducted 6. was conducted

B 1. The airplane was delayed.
2. Snacks will be provided.
3. Many products are made in China.
4. The parcel was delivered yesterday.
5. The kids were taken to the library.
6. This umbrella was found in my car.

Unit 27

A 1. The table was fixed by him.

2. A girl was rescued by the guard.

3. My idea was rejected by the boss.

4. The living room is cleaned by her.

5. The lemons were grown by my mom.

6. These stories were chosen by Tim and Jane.

7. The fence was destroyed by the storm.

8. The names were entered by Mr. Evans.

9. *The Night café* was painted by Van Gogh.

10. The new plan will be announced by Ms. Stewart.

Unit 28

1. ② 2. ④ 3. ② 4. ④ 5. ⑤ 6. ⑤ 7. ⑤ 8. ① 9. ① 10. ③ 11. ⑤ 12. ④

13. was, filmed   14. be, borrowed

15. The theater was built in 1970.

16. The new hair shop is run by her.   17. wear   18. worn

19. These characters were created by Sylvia Kim.

20. The game was watched by hundreds of people.

Part 4   Unit 29

A 1. to sing 2. to cook 3. to travel
B 1. walked 2. to listen 3. to build 4. goes 5. made
   6. to eat 7. to close 8. to become

Unit 30

A 1. It, to sleep well 2. It, to leave your bag here
   3. It, to go to the park at night
B 1. It isn't easy to save money.
   2. It is rude to use phones during a movie.
   3. It is important to listen carefully to others.
   4. It can be a big responsibility to raise a dog.

Unit 31

A 1. to take pictures 2. to teach yoga 3. to move to Busan
   4. to buy that desk
B 1. 주격 보어 2. 주격 보어 3. 목적격 보어 4. 목적격 보어
C 1. He decided to quit his job.
   2. My dream is to be an actress.
   3. She told the boy to brush his teeth.

Unit 32

A 1. towels 2. time 3. ability
B 1. 나는 쇼핑할 좋은 곳을 찾았다.
   2. 나는 기부할 옷이 몇 벌 있다.
   3. 그 파티는 참석해야 할 중요한 행사이다.
C 1. I have a bike to sell.
   2. She needs a person to help her.
   3. I don't know a way to solve the problem.

Unit 33

A 1. 나는 쿠키를 만들기 위해서 밀가루를 샀다.
2. 나의 개는 공을 잡기 위해서 뛰었다.
3. 나는 잠에서 깼고 눈을 보았다.

B 1. to ask   2. to buy   3. to avoid

C 1. She came here to talk to Mr. Moore.
2. We shut the curtains to block the sun.
3. He went back to the station in order to find his bag.

Unit 34

A 1. lucky   2. kind   3. easy

B 1. 나는 너에게 나쁜 소식을 전해 유감이야.
2. 그는 시험에 합격해서 기뻤다.   3. 이 재킷은 빨기가 어렵다.

C 1. The drawer was hard to assemble.
2. She was happy to see the magic show.
3. Ben is ready to start the work.

Unit 35

A 1. 전치사   2. to부정사   3. 전치사   4. to부정사

B 1. My goal is to complete the task today.
2. He told me not to drive too fast.
3. I don't know what to eat for lunch.
4. The blanket is too dirty to use.
5. The sweater is too old to wear.

Unit 36

1. ② 2. ③ 3. ③ 4. ④ 5. ④ 6. ③ 7. ② 8. ④ 9. ④ 10. ⑤
11. ② 12. ④ 13. to sell 14. sold
15. It was easy to make the pizza.
16. I don't have anything to eat.
17. I want to take a walk.
18. He advised me not to be late again.
19. It is time to get up.
20. She took some photos to send to her mom.

Part 5 ## Unit 37

A 1. 목적어 2. 목적어 3. 주어 4. 보어 5. 주어 6. 보어
B 1. Getting 2. eating 3. finished
   4. work 5. Eating 6. received

Unit 38

A 1. She wants to study biology.
   2. He pretended to be a student.
   3. I agreed to help Mr. Williams tomorrow.
B 1. I hope to see you soon.
   2. I want to eat another cookie.
   3. He refused to join the band.
   4. I want to make more friends.
   5. She planned to plant a lime tree.

Unit 39

A 1. She doesn't enjoy cooking.

2. Do you mind shutting the door?

3. I delayed submitting my essay.

B 1. to be   2. talking   3. stealing   4. to buy

5. making   6. to study   7. taking   8. to graduate

Unit 40

1. to send   2. to have   3. riding   4. to find

5. to send   6. going   7. visiting   8. to call

Unit 41

A 1. reading   2. to work   3. to travel   4. inviting

B 1. reading   2. O   3. O   4. coming

5. O   6. O   7. to talk

Unit 42

A 1. coming   2. having   3. waiting   4. going

B 1. Eva는 컴퓨터 게임에 능숙하다.

2. Ben은 과학자 되는 것의 꿈을 꾼다.

3. 비는 그가 자전거 타는 것으로부터 막았다.

C 1. What about playing soccer?

2. She was tired of listening to rock music.

3. He is good at repairing bikes.

Unit 43

A　1. hiking　2. living　3. hearing　4. preparing

B　1. He is busy cooking dinner.

2. She spends 8 hours working at the office.

3. He used to live in England.

4. I will spend my holidays traveling in Busan.

5. They object to destroying the statue.

Unit 44

A　1. ②　2. ③　3. ①　4. ③　5. ④　6. ③　7. ④　8. ③　9. ①　10. ④

11. ②, ③　12. ②　13. to buy　14. buying　15. watching

16. to wear　17. Gardening is good for your health.

18. My hobby is reading fashion magazines.

19. He is good at painting.

20. Jack isn't used to the cold weather.